わが人生23

◉東京国際大学特命教授
駅伝部総監督
横溝三郎

わが駅伝人生にゴールなし

神奈川新聞社

わが家の前で。愛車「レクサス」のナンバーは36-36、サブロウ-サブロウ

1964年の東京五輪で3000メートル障害に出場

中央大学時代、超満員の横浜・三ツ沢競技場で行われた国際陸上競技大会で先頭を走る。続くのは日本大学のライバル、馬場孝選手。馬場さんとのレースはいつも胸の差の接戦だった

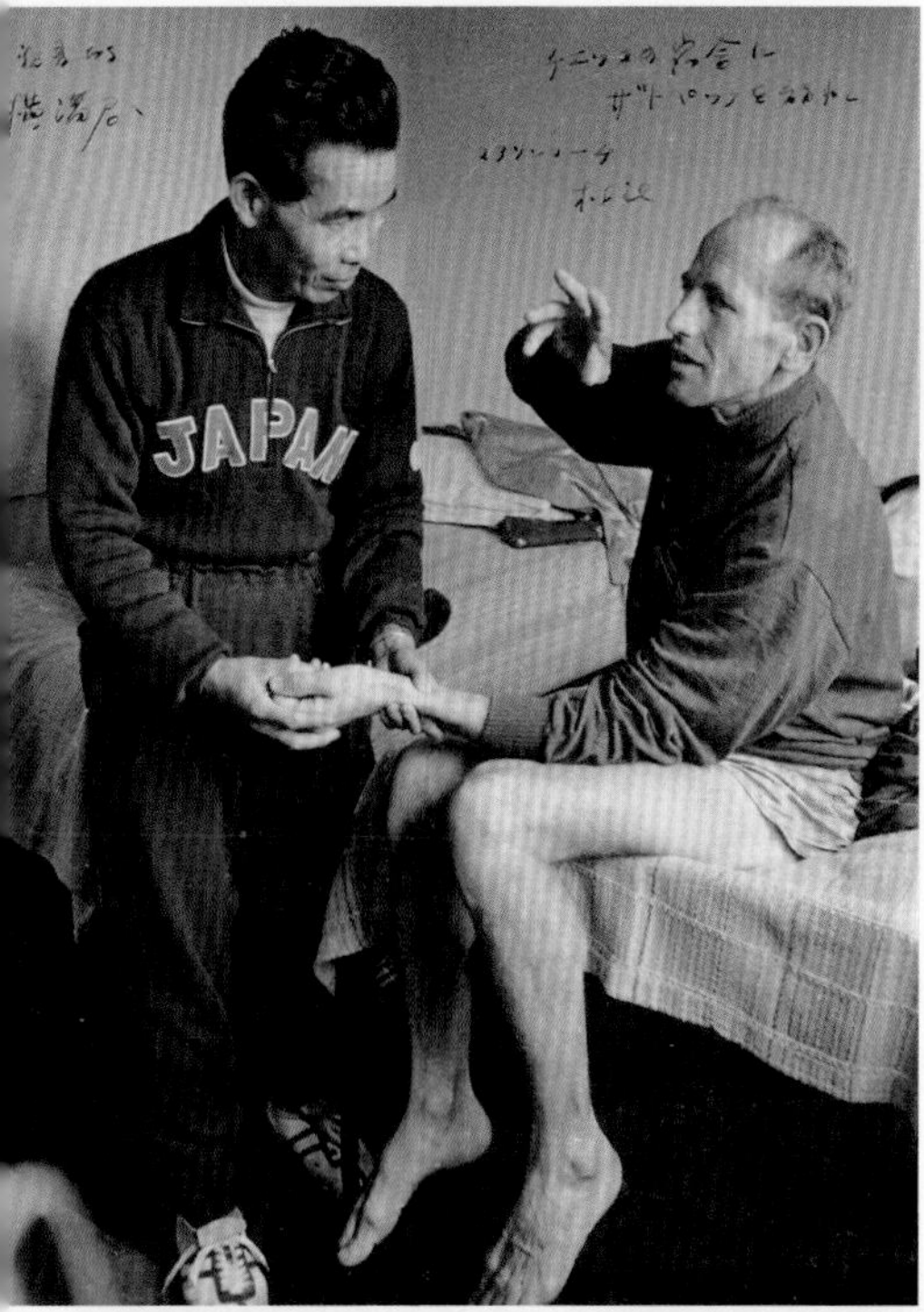

村社講平さんから贈られた写真。1956年のオーストリア・メルボルンで開かれた五輪大会期間中、村社さんは〝人間機関車〟と呼ばれたチェコのザトペック選手(右)を宿舎に訪ねた。当時、村社さんは日本陸上競技チームのマラソンコーチ

左から日本体育大学OBの関根忠則さん、私、神奈川県実業団陸上競技連盟会長・石渡清春さん
＝2000年９月

パナソニック女子陸上競技部の監督時代、選手のスカウトでケニアに行った＝2008年

パナソニック監督の頃、高地合宿地の米国コロラド州ボルダーで

わが駅伝人生にゴールなし

本書は神奈川新聞「わが人生」欄に2022（令和4）年9月1日から12月9日まで、69回にわたって連載されたものに加筆しました。本文中の内容は、注記のない限り、新聞連載当時のものです。

部員1人からの船出

午前3時。愛車を運転して横浜市内の家を出ます。所要時間は1時間半ほど。目指すは埼玉県坂戸市にある東京国際大学の総合グラウンドです。駅伝部員60人の朝練が6時から始まります。

私が朝練に立ち会うのは週2日。グラウンドでの日々の指導は大志田秀次監督（60）と2人のコーチに任せ、総監督である私は必要に応じて、選手や監督らにアドバイスします。そして、近くにある駅伝部員の合宿所で部員の生活ぶりをチェック。スナック菓子を食べた痕跡を見つけたりすれば、長距離ランナーの食生活についての心構えを部員に説きます。体調管理については、かつてドイツ留学時代に徹底的に教えられました。

総監督の重要な仕事の一つがスカウトです。全国の高校生ランナーの情報を集め、自分の目で将来性を確かめ、「これは」と思う選手に東国大への進学を勧めます。各地の陸上競技会は土・日曜日に集中するので、週末はほとんど出張。スカウトの成否が、駅伝部の総合力と将来を左右します。

練習立ち合いとスカウトの間に年4回の合宿、各種の大会、各大学の陸上競技部が主催する記録会などが行われます。

私が東国大の駅伝部創設とともに総監督に招かれたのは、2011年でした。倉田信靖理事長・総長から「箱根駅伝に出られるチームをつくってほしい。総監督はあなた以外に考えられない」と言われたのです。当時の私はパナソニック女子陸上競技部で、監督を経て顧問を務めていました。当面、週のうち「東国大4日、パナソニック3日」ということになりました。

クルマの運転は大好きで毎日の食事作りも苦にならない。1人暮らしにも慣れた

同年11月、駅伝部創設の記者発表が行われました。ある新聞社の記者が私に「『箱根』を目指すといっても、容易ではありません。難しい仕事を、なぜ引き受けたのですか」と質問しました。私が答えに窮していると、理事長がきっぱり言いました。「必ず5年で箱根に出ます！」。5年という数字が飛び出したこ

とに戸惑いつつ、私は理事長の並々ならぬ決意に襟を正しました。

しかし、周囲は「ゼロからのスタートなのに、5年で箱根なんて到底無理」といった声ばかり。となると、「負けず嫌い」な私の性分が背中を押しました。

監督に中央大学の後輩である大志田君を迎えて11年、東国大駅伝部が始動。しかし、集まった部員は1人でした。

総長との約束果たす

2011年春、東国大の駅伝部は船出しました。新入部員を募りましたが、入部したのは1人。高校で野球部にいて〝陸上もやったことがある〟レベルの学生でした。

私はスカウトに全力を挙げましたが、大学の知名度は全国的にまだ低く、なかなか成果は出ません。少しずつ部員は増えていきましたが、10キロ、20キロを走り切る走力が乏しく、〝ショートカット〟して距離をごまかす部員もいました。当時、私が並行して指導していたパナソニック女子陸上競技部の選手の方が強かったのです。「やはり5年で『箱根』は無理か」と思うことが何度もありました。生来の負けん気が、その弱気を打ち消しました。

本気で箱根駅伝に挑むチームづくりを目指した私は、「強くなりたいなら、日々の小さな努力を積み重ねるしかない」と部員たちに説きました。

そして、創部から5年目（実質的には4年）、15年10月の箱根駅伝予選会をぎりぎり10位で突破。人のいない所で涙を流しました。翌16年1月2日、ついに箱根駅伝のスタートラインに立ちました。創部時の記者会見で倉田信靖理事長・総長が述べた〝約束〟が実現したのです。私自身、信じられない思いで、大学側の厚い支援に感謝しました。その道のりは、追って詳しく述べます。

これまでの私の歩みを振り返りますと「ランナー」「駅伝解説者」「指導者」という節目がありました。この連載では、まず現在の「指導者」の一端をご紹介しました。

「長距離ランナー」、横溝三郎」の本格的なデビューは横浜高校時代です。それより前、横浜市立中山中学校（港北区中山町＝当時＝、１９９５年に緑区寺山町に移転）時代に一つの出会いがありました。

関根忠則さん。当時、日本体育大学（日体大）の有名な箱根ランナーです。わが家の近くに住んでおり、時々母校の中山中で練習していました。私は中学ではバスケットボールをやっていましたが、次兄が横浜市役所の駅伝部に所属していて、よく一緒に「走らされ」

東国大駅伝部の朝練で。奥にいるのが大志田秀次監督（左）と私＝埼玉県坂戸市の同大総合グラウンド

ました。バネの利いた健脚が関根さんの目に留まったようで、関根さんの母校・横浜高校へ進学することになりました。家が経済的に厳しく、中学を卒業したら働く予定だったのですが。

横浜高校入学と同時に陸上競技部に入りました。当時の同部は県内のトップクラス。フィールド部門（跳躍と投てき）を含め、総勢40人ほどいたでしょうか。

その顧問が、生涯の恩師となる植木富士弥先生でした。本業は数学で、走ることに関しては素人ですが、とても面倒見が良く、私は精神面で支えられ、多くを学ぶことができました。

詳細は後に譲りますが、私は2年の時、全

国高校総体1500メートルで2位、5000メートルで優勝。3年時は1500メートルと5000メートルで優勝。注目を集めるようになって、いろいろな大学から誘いがかかりました。

横浜高校から中大へ

横浜高校2年の時に全国高校総体1500メートル2位、5000メートル1位になった頃から、複数の大学から勧誘がありました。その中で、思いもしなかった人が声をかけてくれました。村社講平《むらこそこうへい》さんです。

村社さんは中央大学在学中の1936年、ベルリン五輪の5000メートルと1万メートルに出場し、いずれも4位に入る快挙を成し遂げました。その〝伝説のランナー〟から「中大に来ないか」と誘われたのです。また、当時、実業団チームに所属していて3000メートル障害の日本記録を持っていた憧れの布上正之さんも中大卒でした。私は高校2年生で進路を決めました。

58年、私は中央大学法学部に進学し、1年の時から4年続けて箱根駅伝に出場しました。1年では3区（区間順位2位）、2年は5区（同8位）、3年は6区（同2位）、4年は10

区（同1位）。中大は私が1年の時から4年連続で総合優勝し、連覇は私の卒業後も続いて6連覇（59～64年）の記録は今も破られていません。

しかし、栄光の陰には苦い思いがありました。2年の時に〝山上りの5区〟を走り、途中で意識がもうろうとなりました。フラフラになり、とうとう歩いてしまいました。コースが下りに入って再び走り始めましたが、結局、区間8位。いわゆる〝ブレーキ〟です。翌日、復路の選手が盛り返してくれて総合優勝は果たしましたが、往路のレース後は激しい非難を浴びて「（往路ゴールの）芦ノ湖に飛び込んで死にたい」と思うほどのショックでした。ブレーキの原因はいくつかありますが、詳細は後に回します。

64年の東京五輪も、苦い思い出です。私は大学を卒業した62年から2年半、西ドイツ（当時）のマインツ大学に留学しました。トレーニングだけでなく、食生活の改善など最先端の指導を受けました。恩師に「常に胃腸を丈夫にしておかないと長距離は走れない」と教えられ、冷たいものを避けてリンゴ一つでも温めて食べました。この体験が、後に指導者として大変役に立ちました。

科学的なトレーニングと徹底した食生活改善の成果で63年から64年にかけてのドイツ選手権で5000メートル、1万メートル、3000メートル障害で優勝。私は64年東京五

「東京五輪期待の星」としてテレビ出演。左から司会の関東学生陸上競技連盟会長・菅沼俊哉さん、村社講平さん、私＝1961年

輪の3000メートル障害日本代表に選ばれました。

しかし、本番で予選落ち。五輪出場という目標を達成できましたが、せめて決勝の舞台に立たなければならない立場です。「予選は通過できるだろう」と甘く考えていました。結果は非常に恥ずかしく、申し訳ない気持ちでいっぱいでした。今でも悔いが残っています。

箱根駅伝でのブレーキ、五輪での予選落ち。現役時代の挫折、失敗はつらかったけれど、その体験が後輩を育てる上で財産になりました。勝ったことより、負けて得るものの方が多い。失敗から学び、窮地をどう切り抜けていくかが重要だと思います。人生も同じではないでしょうか。

28年に及ぶ駅伝解説

箱根駅伝のテレビ中継は、今や国民的イベントになって高視聴率を上げていますが、かつてはＮＨＫラジオの放送だけでした。私がラジオとテレビで箱根駅伝の解説を務めた期間を調べてみると28年に及ぶことが分かり、その長さにわれながら驚きました。

箱根駅伝の始まりは１９２０年。太平洋戦争の激化による中止を挟んで、２０２３年は99回を迎えます。ＮＨＫラジオの中継は１９５３年が最初で、テレビ中継は87年。現在のようなテレビの完全生中継は89年（65回）からです。

私は78年の54回大会で、初めてＮＨＫのラジオ放送車に乗り込みました。当時、スポーツ用具を扱う総合問屋の大手、ゼネラルサクライに勤めていた私が、なぜ解説者になったのでしょうか。

ＮＨＫのスポーツ実況の第一人者に北出清五郎という名アナウンサーがいました。とりわけ相撲の名調子で人気を博した人ですが、箱根駅伝の実況もしていました。北出アナと組んでいた解説者が「真冬の吹きさらしの中継車での仕事は、年齢的にきつい」と降板を申し出たようなのです。

北出アナは中央大学OBで、後輩である私に後任の話を持ち込みました。私はしゃべることが苦手でしたからお断りしたのですが、ぜひにと頼まれ、「第3放送車での解説なら、あまり出番はないだろう」と引き受けてしまいました。中継はレースの先頭集団をとらえる第1放送車が中心です。放送車は外国製の大きな車を改造して、上に放送席、下に放送制御室を造っていました。

箱根駅伝は例年、1月2日午前8時に東京・大手町をスタート。往路のゴール、芦ノ湖まで半日以上かかります。その間、基本的にトイレタイムはありません。北出アナから年末からの食事や水分の取り方を教えてもらいました。トイレにまつわる失敗談などは、後に披露します。

いよいよ、初仕事。極度の緊張に加えて水分も控えていますから、のどがカラカラ。事前の取材も不十分で、受け答えがしどろもどろになってしまいました。真冬なのに、冷や汗をかき、放送終了後はぐったりして「もう2度とやらない。自分には向いてない」と諦めました。

それが、北出さんをはじめとする実況アナの皆さんやスタッフの指導と協力のおかげで

テレビ中継の放送車でアナウンサー(左)と私

87年まで10回も続けることになろうとは……。

翌88年から、舞台はテレビに移りました。最初の2回は放送センターでの解説で、放送車には乗りません。放送センター解説の前任者は、関根忠則さん。私を横浜高校に導いてくれた恩人です。不思議な縁を感じました。

テレビ解説は2006年まで続けました。ラジオと合わせると実に28年もの長きにわたる仕事でした。いつか「ミスター駅伝」などという、おそれ多い称号をいただきました。

酒と暴力が絶えぬ父

私は1939年12月9日、横浜市港北区に生まれました。父・与吉（02～67年）、母・ハル（10～2003年）の間の6人きょうだいの3男です。兄2人、姉2人、弟1人でした。

「わが人生」登場の打診を受けた時、家庭環境をつづることに迷いがありました。酒、ばくち、暴力という〝三拍子そろった〟父に、母や私たちきょうだいは随分苦しめられたからです。長じてからも、私は父を恨んでいました。

しかしあれから長い歳月が流れ、父と母は当然として、きょうだいのうち3人も他界しました。ふと思いました。考えようによっては、幼少からの父の仕打ちに耐えたことで、後の私の人生や陸上競技生活での苦しさを乗り越えられたのかもしれない。とすれば、許すというより、むしろ父に感謝すべきなのか。どんな人生にも山坂があり、浮き沈みがある。この際、横溝家の歴史として父のことを隠さずに書いてみよう…。

横溝与吉は、とび職人でした。本家は綱島にあったようですが、詳しい出自などは分かりません。親戚からも嫌われていたので、情報がないのです。父の背中には、色鮮やかな入れ墨がありました。収入があれば、酒とばくち。普段はおとなしいのですが、焼酎を飲

中山小学校時代の写真。学年は定かではないが、前から３列目、(先生を入れて)右から４人目が私。兄の〝お古〟を着ている

むと、人が変わりました。母や子どもを殴る、蹴る。きょうだいでは、特に私が標的にされました。父が帰宅すると、幼い私は縁の下に隠れます。ござを敷いて横になっていると、優しい母が粗末な食べ物を持ってきてくれました。

終戦後、私たちは車庫を改造した借家に住んでいました。父は器用でしたから、家の改造など大工仕事も自分でやったようです。その狭い家で家族は〝川の字〟になって寝ました。

ところが、真夜中の3時ごろ、父が私をたたき起こします。「焼酎を買ってこい！」。私は一升瓶を抱え、暗い道を近所の酒屋さんに行き、戸をたたきます。

先方も分かっていて、渋々、焼酎を売ってくれました。父が警察のお世話になって一泊することなど、しょっちゅうでした。

父がいる時のわが家は、いつも空気が張り詰めていました。ですから、外に出るとホッとしました。父のせっかんも、いじめられる母の姿も忘れて、思い切り遊びました。

主な遊び場は近くの鶴見川。小学校（横浜市立中山小）に入る前に目上の子たちに川に投げ込まれ、泳げるようになりました。夏は外を駆けずり回って、鶴見川にザブン。ほてった体に冷たい水がとても気持ち良かった。今思えば、図らずも筋肉を「アイシング」していたことになります。特に素潜りが得意で、これは現在の趣味につながっています。駅伝部の合宿先で練習休みの日に各地の海に潜り、海水魚などを取って、水槽で飼育しています。

「将来の夢」がテーマの小学校の卒業作文に「オリンピックに出る」と書きました。その夢は陸上競技ではなく、水泳でした。

「ギブ・ミー・チョコ」

酒乱の父でしたが、私が横浜高校陸上競技部で全国大会に出場し、また、中央大学で箱根駅伝を走ると、ラジオ放送を聞いていたそうです。父は1967年、64歳で亡くなりました。

優しかった母は、大変な苦労をしながらも長寿を保ち、2003年に97年の生涯を閉じました。母は亡くなる直前、枕辺に座った私と姉と弟の前で、か細い声で私の名前だけを3回呼びました。その声は、今も耳に残っています。6人きょうだいのなかで、最も父にいじめられた私を、ずっとふびんに思っていたのかもしれません。

さて、終戦の時、私は満5歳でした。戦争に関して覚えているのは、まず空襲です。空襲警報が鳴ると、近くのお寺の防空壕《ごう》に避難しました。といっても、米軍機が投下する焼《しょう》夷《い》弾が周囲に降り注ぐ中を逃げたというような記憶はありません。

子ども対象の竹やり訓練がありました。「撃墜された敵機の搭乗員が落下傘で落ちてきたら、鬼畜米兵を竹やりで突け」と教えられました。しかし、敵機が撃墜されたのを見たことはありません。撃墜されるのは、友軍の飛行機でした。後から知ったのですが、米軍爆撃機B29は〝空の要塞《ようさい》〟と呼ばれ、高高度を飛んだために日本軍の高射砲は届かず、日本の戦闘機も歯が立たなかったそうです。

1945年8月15日に戦争は終わりましたが、とにかく、おなかがすいていました。食

戦後の横浜の街にあふれる米兵(横浜市史資料室所蔵)

べられるものは、何でも口にしました。そのなかで、忘れられないのがチョコレートです。

私は終戦の翌年、横浜市立中山小学校(当時はまだ国民学校)に入学しました。終戦とともに、連合軍は横浜に進駐し、相模原にも大部隊がやって来ました。相模原には広大な敷地を持つ旧日本軍の造兵廠《しょう》や陸軍士官学校、陸軍病院などがあり、それらが連合軍に接収されたのです。

進駐してきた米兵たちは、時に鉄道(横浜線)で横浜方面から相模原に乗り込んで来ました。彼らを乗せた列車が中山駅に入ると独特な警笛を鳴らし、スピードを落としてホームをゆっくり通過します。

当時の中山小は中山駅のそばにあり、私たち小学生は、警笛が鳴る時刻を覚えました。その音を聞き付けると、私と仲間は授業中の教室を飛び出し、猛然と中山駅に走りました。車両に近づき、米兵に向かって大声で叫びました。「ギブ・ミー・チョコレート!」。走りながら、叫びながらついて来る私たちに、米兵はにこやかにチョコレートやガムなどを投げてくれました。そのおいしかったこと。学校に戻った私は先生にしかられ、教室の柱にしばりつけられました。

空腹といえば、近くのお寺のお供物を、こっそり食べてしまったことを白状しなければなりません。それにしても、あんなに毎日おなかがすいていたのに、どうして一日中遊び回ることができたのでしょうか。今考えると、不思議です。

「足が速い子」と注目

1952年、私は横浜市立中山中学校に進み、バスケットボール部に入りました。私の身長は最高時で165センチ。バスケットを始めたのは「背が高くなりたかったから」でもありました。バスケットをすれば身長が伸びるような気がしたのです。身長はともかく、足腰とバネが強くなり、ランナーとして大きなプラスになりました。

ここで、私が専門にした「3000メートル障害」と身長の関係について少し触れます。この競技では3000メートル走る間に28回、ハードルを越えます。ハードルの高さは91・4センチ。ほかに水濠《すいごう》（最深部で約70センチ）を7回跳び越えます。私の考えでは、ハードルを越えるためには、せめて170センチの身長が欲しいところです。

さて、中学生の私を「走る」ことに向けた1人は、次兄でした。横浜市役所に勤め、その駅伝部に所属していた彼によって、私はよく「走らされ」ました。彼が自転車で伴走し、私は片道3キロほどある近所の砂利道を往復しました。

その成果でしょうか。2年の時、全校生徒対象の1500メートル走で3年生を抜いて1位になりました。以来、「足が速い子」と注目されるようになりました。

そして、私の運命を決める出会いがやってきました。先に紹介した関根忠則さんです。関根さんは日体大の長距離ランナーで、箱根駅伝にも出場するスター選手でした。関根さんは私の家から徒歩10分ほどの所に住んでいて、時々、母校である中山中で練習していました。その憧れの先輩が、私に目をつけてくれたのです。中2の私は関根さんが所属する「中山クラブ」に入り、本格的な練習を積むことになりました。

3年に進級すると、進路を決めなければなりません。既に書きましたように、私の家庭

日体大時代の関根忠則さん（右）

環境では高校進学は経済的に無理でした。私は就職するつもりでいて、日本鋼管（現・JFEスチール）に内定もしていました。余談ですが、その時の日本鋼管の面接官は、バスケットボールの日本代表選手として活躍した糸山隆司さんでした。

しかし、関根さんは横浜高校への進学を勧めました。横浜高校も関根さんの母校で、陸上競技部は県内の強豪校です。

その頃、横浜高校に偉大な教育者がいました。横浜高校の創立者で、校長も務めた黒土四郎先生です。先生は東京高等師範学校（現・筑波大学）を卒業し、中学校や高等女学校の教壇に立ちました。県立横浜第一中学校（現・希望ケ丘高校）の校長を務めて退官。戦争中の42年に旧制横浜中学校（現・横浜高校）を創立しました。教育界への貢献が認められ、63年度の横浜文化賞を受賞しています。

おそらく、関根さんが黒土校長に相談してくれたのでしょう。私は特待生として、横浜高校に入学することになりました。黒土校長の理解と力添えがなければ、その後の私はありませんでした。

植木先生との出会い

１９５５年、私は横浜高校に入学しました。そこで、生涯の師となる先生に出会いました。陸上競技部顧問の植木富士弥先生です。これまでに紹介した関根忠則さん、黒土四郎先生もそうでしたが、私は折々にかけがえのない恩人に出会うことができました。その点、とても幸せでした。

植木先生は数学を教えていました。陸上競技の経験がないので技術的な指導はしませんが、本で勉強するだけでなく、強い選手の話を聞くなどして研究。練習メニューを作り、長距離ランナーとしての基本的な鍛錬や心構えを説き、部員の信頼を得ていました。

例えば、日常生活でのトレーニング。私は電車通学をしていて、横浜線で中山から東神奈川に出て、京急に乗り換えて仲木戸（現・京急東神奈川）から学校がある谷津坂（現・能見台）までというルートでした。先生は部員たちに「車内では座席に座るな。できるだけ、かかとを上げて立っていろ」と言いました。特別な教えではないのですが、トラックでの練習以外にできることを探し、意識し、３６５日積み重ねることが大切なのだ、と理解しました。

当時、横浜高校陸上競技部には、トラックとフィールド合わせて20人ほどいたでしょうか。トラックは学校近くの山の上にあり、1周１２０メートルという半端なコースでした。しかも、生徒たちが竹やぶを切り開いて造成したもので、コーナーが競輪のバンクのように傾斜していました。そのため、毎日走っていると、どうしてもコーナーで左肩が下がり、他校の選手から「横高は、みんな同じフォームをしている」と言われたものです。

私の負けず嫌いは、父親譲りかもしれません。他の選手より強くなりたい。それなら、他の選手と同じことをしていたのでは、抜き出ることはできない。当然のことですが、これがなかなか実行できません。私は「プラスα」を心に刻みました。植木メニューだけで終わらず、さらに厳しい練習を自分に課しました。この「プラスα」精神は、現在に至るまで私の信念になっています。

私は毎朝、必ず天気予報を見ました。注目は九州の天気です。当時、高校長距離界では、九州に強豪が多かったのです。九州のある地域が雨という予報だと、私はこう考えました。「九州の○○は今日雨だから、多分○○高校は十分な練習ができないだろう。その間に、こっちはいつもより走り込もう」

植木先生は、面倒見のいい先生でした。「おまえが次の大会で優勝したら、ラーメンをごちそうする」「今日のレースで頑張ったから、チャーシュー2枚サービスだ」。私の家庭の経済事情をご存じで、全て先生のポケットマネーです。スパイクも買ってくれました。

横浜高校で書道を教えていた堀愛泉先生は陸上競技部を熱心に応援してくれた。その堀先生の1987年度横浜文化賞受賞を祝う会で。中列中央が植木先生、前列左から３人目が堀先生、同２人目が私

おかげで、私は1年の時、全国高校総体（インターハイ）の5000メートル決勝に進むことができました。これが、私が全国的に注目される契機になりました。

ある新聞記者のこと

横浜高校で過ごした3年間、私は陸上競技部で完全燃焼しました。周囲に支えられ、何の不満もなく、気持ち良く走ることができました。その中心に、顧問の植木富士弥先生がいました。先生の言葉は、いつも心に染みました。誠実で温かでした。

1955年、私が1年生で全国高校総体（インターハイ）陸上5000メートルの決勝に進んだ時の先生の言葉は、今も忘れません。

大会会場は山形県酒田市。植木先生は「どうせ予選落ちだろう。僕は酒田には行かない」というので、関根忠則さんが付き添ってくれました。宿は眼鏡屋さんの2階でした。

私は予選を通過して、決勝当日の朝を迎えました。そこへ、植木先生から電話が入りました。受話器を取ると、先生はいきなり檄《げき》を飛ばしました。「ピストル（号砲）が鳴ったら、飛び出すんだ。1度でも、1周でもいいから、トップを走れ。そうすれば、NHKラジオの実況で、必ずおまえの名前が放送され、全国に伝わる。絶好のチャンスだ。優勝しなく

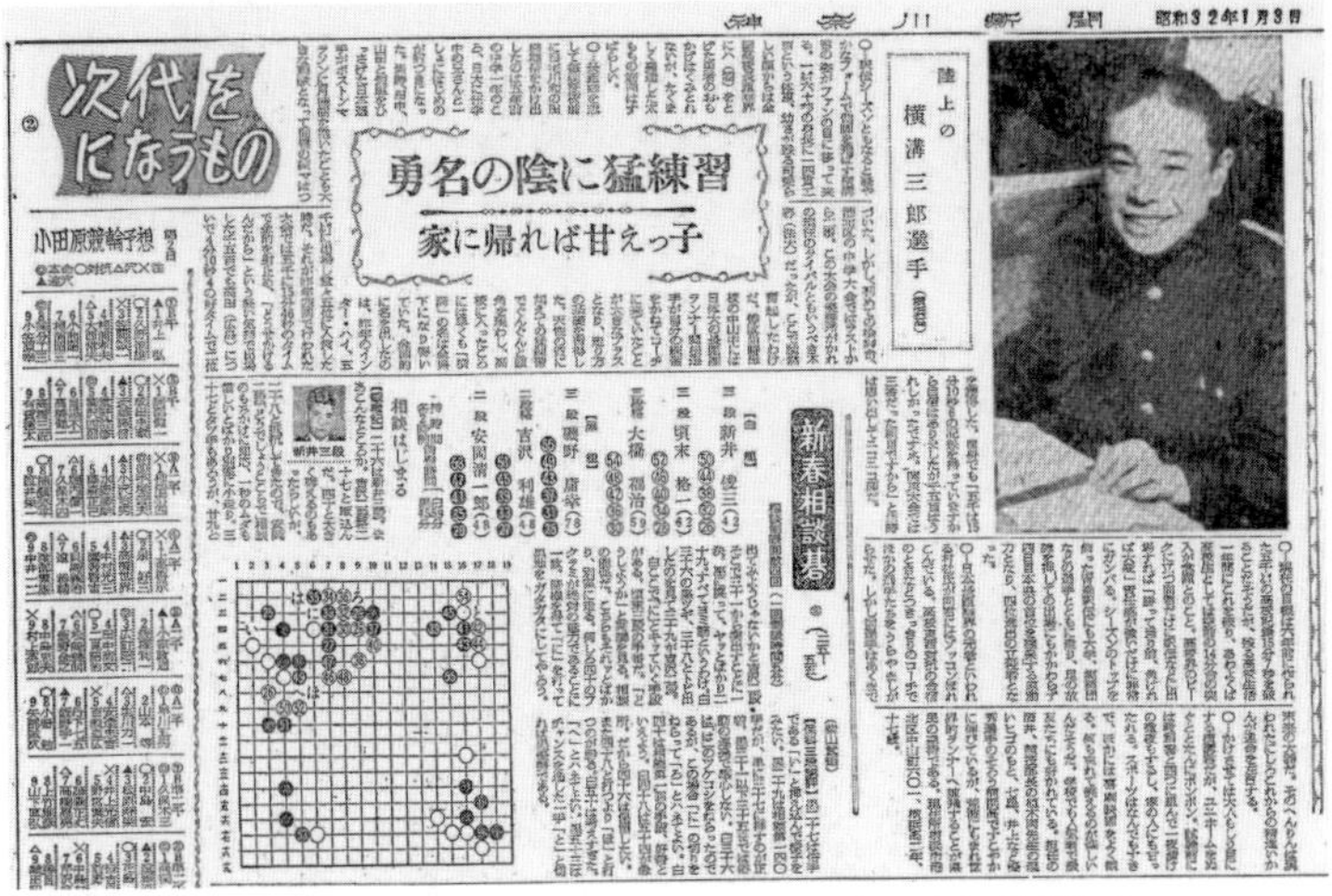
神奈川新聞　昭和32年1月3日

次代をになうもの ②

陸上の 横溝三郎選手

勇名の陰に猛練習

家に帰れば甘えっ子

新春相談碁

小田原競輪予想

高校２年の時、神奈川新聞の連載「次代をになうもの」に登場した

てもいい。きつかったら、途中でやめてもいい。とにかく、何回か先頭を切れ！」

　そのレースで私は４８００メートルまで先頭を走りました。最終的には力及ばず、５位。横浜に帰ると、植木先生は「作戦通り、うまくいった」と満足そうでした。

　実は大会に出発する前、幼少期からの習慣で鶴見川に飛び込んで右足の小指をガラスの破片で切ってしまい、かなり出血しました。決勝でも、そこがレース途中で出血し、ゴールした時はシューズが血だらけ。「先生、足の指が出血して…」と事後報告したのですが、先生はけがには全く無関心で「うまくいった、よかった」と私の肩をたたくばかりでした。

ちなみに、この決勝レースを実況放送したアナウンサーは北出清五郎さん。スポーツ実況の名手です。酒田から歳月が流れ、北出アナと私は箱根駅伝のラジオ中継のアナウンサーと解説者という立場で、放送車に同乗することになりました。人の縁とは不思議なものです。

さて、ある時、植木先生が急に「横溝、新聞記者にならないか。スポーツ紙か、一般紙の運動部記者はどうだ」と言い出しました。突然の話に戸惑いました。なぜ、先生は「新聞記者に」などと言い出したか…。首をかしげるうちに、思い当たることがありました。

当時、神奈川新聞運動部の山下誠通という記者が、よく横浜高校運動部の取材に来ていました。私にも「調子は、どう?」と気軽に声をかけてくれました。湘南高校から慶応大学に進み、大学ではボクシングをやったという経歴の持ち主でした。飾らない人柄で、植木先生と気が合ったようです。「新聞記者に」は、山下さんの影響かもしれません。

とはいえ、私には文才がありません。新聞記者になる話は、やがて立ち消えになりました。

インターハイで優勝

横浜高校陸上競技部1年生でインターハイに出場し、5000メートルで5位に入ったと書きました。4月に入学した新人が、その夏のインターハイで入賞というのは、できすぎのように思うかもしれません。しかし、下地は中学時代にある程度できていました。

私の中学時代からの師は当時、日体大の長距離ランナーだった関根忠則さん。関根さんが作る練習メニューは、かなりハイレベルでした。私が長距離向きであると見抜き、徹底的に長い距離の走り込みを命じました。負けず嫌いの私が、苦しくて泣きながら走っていても、関根さんは手を緩めません。おかげで、横浜高校に入っても、先輩に伍《ご》して、そこそこやれる気がしていました。

横浜高校の陸上競技部は県内トップレベルでしたが、長距離部門では全国的には九州勢が抜き出ていました。彼らがたたき出すタイムは、私たちを大きく上回っていました。どうしたら彼らと同等に戦えて、追い越すことができるか。そればかり考えて、「彼らより練習するしかない」という結論になりました。

2年生になった私は1956年夏、高知市で行われたインターハイに出場しました。そこで、レース以外に忘れられない出会いがありました。

66年前の金毘羅さん土産は今でも大切にしている

　インターハイの横浜高校メンバーは１５００メートルと５０００メートルに出る私の他に、短距離選手ら合わせて４、５人。顧問の植木富士弥先生が引率してくれました。

　私は１５００メートル決勝で２位に入りました。残すは５０００メートル。明日はいよいよ決勝という日、植木先生が「ここまで来たんだから、金毘羅《こんぴら》さんにお参りに行って、横溝の必勝祈願をしよう」と言い出しました。ご存じのように、金毘羅さんとは、香川県仲多度郡琴平町にある金刀比羅宮のこと。１３００段を超す階段が有名です。

　その往路だったか、帰り道だったか、長い階段の下の方に「吉田新々堂」という土産店がありました。先生はその店に入り、土産を買って、店の娘さんと話を始めました。先生は私の肩をたたきながら「この子は、明日５０００メートルの決勝に出るんだ。優勝したら、何かくれるかな」と言いました。「何か買う」ではなく、「くれるか」です。先生には、そういう天衣無縫なところがありました。私は恥ずかしいやら、あきれるやら…。しかし、とてもきれいな娘さんはにこやかに承知してくれました。

翌日、私は5000メートル決勝で優勝。吉田新々堂に優勝報告に行くと、娘さん（吉田たづるさん）は約束通り、松の根で作った置物をプレゼントしてくれました。それは私の宝物として、大切にしています。

あれから66年の歳月が流れました。たづるさんとの交流は今も続き、新々堂も営業しています。先日、久しぶりに電話をすると、かつての〝娘さん〟は「85歳になりました」と元気な笑い声が返ってきました。

有名大学からの勧誘

1956年に高知県で開かれたインターハイでは、もう一つの出会いがありました。どういう経緯だったか忘れましたが、金毘羅参りの際、横浜市立平楽中学校で先生をしている方と知り合いました。中島六弥という英語の先生で「僕も横浜だよ」ということで話が弾んだのかもしれません。

高校３年の私

横浜に帰ってから、中島先生は私の出場する大会を見に来てくれ、やがてご自宅に招いて奥さまの手料理でもてなしてくれるようになりました。帰りには、小遣いをいただきました。なぜ、それほどかわいがってくれたのか不思議でしたが、ご夫妻の間に子どもがなく、私が〝息子代わり〟だったのかもしれません。

中島先生はイタリア語も得意で、時々、大声でカンツォーネを披露してくれました。日独伊三国軍事同盟交渉に当たって、イタリア語の通訳をしたという秘話を、ご自身から聞いた記憶があります。

学校にも、中島先生から度々電話がありました。それを取り次いでくれる植木富士弥先生に「横溝、また彼女から電話だぞ」とからかわれたものです。

そうこうしているうちに、中島先生は私を「養子にしたい」と言い始めました。経済的に貧しかった私の家庭の事情も考慮した上での申し出だったのでしょうか。養子になるとは、どういうことなのか。高校生には、よく分かりませんでした。結局、その話は立ち消えになりましたが、何か甘酸っぱいような青春の一こまです。

さて、植木先生の天衣無縫ぶりの一端をすでに紹介しましたが、先生は大柄で腕力が強く、一部のワルたちは先生を避けていました。街中で肩で風を切って歩いていたＯＢたちが、先生に会うと平身低頭していました。

神奈川新聞　昭和32年8月5日

横溝、五千《メートル》にも優勝

全国高校陸上競技　総合で横浜高六位

【富山】第十回全国高校陸上競技対抗選手権大会最終日は四日午前九時から富山市県営競技場で挙行。三十二度前後の暑さにもかかわらず男女四種目に高校新、男女六種目に大会十五（予選を含む）の大会新が生れた。本県のホープ横溝（横浜高）は前日の千五百㍍に引きつづき五千㍍でも圧倒的な強さを見せ15分40秒8の好記録で輝く優勝を遂げた。対校戦総合で男子は予想どおり熊本工が初優勝、女子は[illegible]の両雄、光星がともに振わず伏兵[illegible]が初優勝した。なお横浜高は横溝の活躍でトラック競技に12点をあげ第二位、総合順位では六位を獲得した。

【男子の部】

▽二百㍍決勝①[illegible]（宮崎、大宮、宮崎）22秒2。▽八百㍍決勝①[illegible]（長野、岐阜）1分58秒7（大会新）⑥金井（鶴見、神奈川）▽五千㍍決勝①横溝五郎（横浜・神奈川）15分40秒8 ▽百十㍍ハードル決勝①大場和蔵（佐賀・新潟）15秒4 ▽男子八百㍍リレー決勝①[illegible]（静岡）（井指、青島、

インターハイでの私の活躍を伝える神奈川新聞

しかし、日頃の陸上競技部の練習や学校生活の上ではとても面倒見が良く、先生に怒られた記憶はありません。ポケットマネーで部員にラーメンをおごり、私にはスパイクシューズを買ってくれました。ただ、勉強に関しては「おまえは勉強が得

意じゃないんだから、俺の数学の授業では教室の最前列に座れ」と言われました。

56年のインターハイ1500メートルで2位、5000メートルで優勝したことで、苦しさを乗り越えた達成感を知り、「努力は裏切らない」「走った距離はうそをつかない」と信じられるようになりました。

その頃から、複数の有名大学が「うちの大学に来ないか」と誘ってくれるようになりました。翌年のインターハイ（富山市）の1500メートルと5000メートルで優勝すると、勧誘はさらに増えました。マラソンの瀬古利彦選手を育てた早稲田大学競走部の名伯楽・中村清監督も声をかけてくれました。

やがて、私の進路を決定づける、かつての偉大なランナーが現れました。〝伝説の人〟村社講平さんです。仲を取り持ってくれたのは、植木先生でした。

村社講平さんの誘い

1936年のベルリン五輪で、日本人選手は大活躍しました。三段跳びの田島直人、女子200メートル平泳ぎの前畑秀子選手ら6人が金メダルを獲得、銀4、銅10という成績を残しました。

そこで、語り草になっているデッドヒートが繰り広げられました。5000メートルと1万メートル決勝です。日本代表は中央大学在学中の村社講平さん。身長162センチと小柄ですが、常にトップを争い、10万人の観衆を沸かせました。

1万メートルレースで村社さんは7000メートルまで首位を走り、フィンランドの3選手に抜かれたものの、8000メートルで再び首位に。残り1周で力尽きフィンランド勢に抜かれたましたが、場内は「ムラコソ、ムラコソ」の大声援に包まれました。5000メートル、1万メートルともに4位。後に五輪長距離で四つの金メダルを獲得して「人間機関車」と呼ばれたザトペック選手（旧チェコスロバキア）は「少年時代、ムラコソは私の目標であり、英雄でした」と語っています。

その後、村社さんは召集され、陸軍大尉で復員。戦後は毎日新聞の運動部記者になり、運動部長、編集局次長、取締役などを歴任しました。後進ランナーの育成にも熱心で、全国高等学校駅伝競走大会や全日本実業団対抗陸上競技大会などの創設に尽力しました。

私が在学中の横浜高校で村社さんが全校生徒対象に講演したことがあります。ベルリン五輪に向かう時、「横浜を出港してから長い船旅。船の上で長距離レースのトレーニングをするのが難しかった」という話を覚えています。この講演会は、村社さんと交流があり、

兵庫県明石市の村社宅に招かれて。村社さん（右）と高校３年の私

村社さんを尊敬していた植木富士弥先生の働きで実現しました。

その偉大な先輩から「中央大学に来ないか」という熱心な誘いを受けました。自宅にも招かれました。村社さんは私が専門とする５０００メートル、１万メートルのランナーだったこと、小柄だったことなど共通点もあり、私は中大進学を決めました。植木先生も賛成でした。

中大に決めた理由は、もう一つありました。当時、３０００メートル障害の日本記録を持っていた布上正之というランナーが実業団で活躍していました。私は布上選手に憧れ、一緒に走りたいと思っていました。布上選手も中大ＯＢでした。

先に植木先生が私に「新聞記者にならないか」と言ったことに触れました。その誘いは当時、植木先生と親しかった神奈川新聞記者の影響ではないかと推察しましたが、改めて考えますと、神奈川新聞記者に加えて〝村社記者〟の存在があったのかもしれません。

村社さんは宮崎県赤江村（現在は宮崎市内）の出身です。私は今、東京国際大学駅伝部のスカウト活動で、よく宮崎県に行きます。村社さんの母校、赤江小学校に記念碑が立っていて、そこには村社さんの座右の銘が刻まれています。

「オリンピックの覇者に天才なし」

鶴見川とアイシング

小学校に上がる前から私の遊び場は鶴見川でした。とりわけ、夏は駆けずり回って火照った体に、冷たい水が気持ち良かった。中学時代、日体大の有名選手だった関根忠則さんのコーチを受けていた時も、練習後は鶴見川に飛び込みました。関根さんの指導方針は「体を冷やすな。水も飲むな」でしたから、泳ぐのは秘密の楽しみでした。

今、野球で投手が肩やひじに氷を分厚く巻いて冷やしている姿は当たり前になりました。いわゆる「アイシング」です。

一説には、プロ野球で最初にアイシングをしたのは、ロッテで活躍した村田兆治投手。

氷の浮いたバケツにひじを突っ込んだそうです。スポーツ界全体では、全日本男子バレーボールチームが比較的早くアイシングを採用したようですが、それとて15年ほど前のことだとか。日本のアイシングの歴史は浅いのです。

かつて、スポーツ選手が練習後などに体を冷やすことは厳禁でした。関根選手の時代も、そうでした。やがて米国でアイシングが注目され、遅れて日本にも導入されました。

簡単に言えば、運動によって筋肉の温度は上昇し、エネルギー消費が大きくなります。それが疲労の蓄積につながります。アイシングによって筋肉の温度を下げ、疲労の蓄積を改善し、筋肉痛などを軽減するという考え方です。

アイシングはスポーツ界全般に広がり、もはや常識になりました。私が総監督を務める東国大駅伝部でも、この方法を導入しています。今思えば、私は幼い頃から無意識のうちに、鶴見川でアイシングをしていたようです。

私が現役を引退して、ラジオやテレビで箱根駅伝の解説をしていた時の、アイシングにまつわるエピソードをご紹介しましょう。

例年のように、実況放送の本番に備えて、出場大学の取材を重ねていました。日本大学の駅伝チームに足を運んだ時、水田信道監督が「今年のうちは強いよ。なにしろ、三四郎

箱根駅伝解説者時代の私。当初は緊張のために表情がこわばっている

が絶好調だから」と胸を張りました。三四郎というのは笠間三四郎選手。日大のエースで、1984~87年に4年連続で箱根を走りました。

監督の話は、こうでした。「僕の生まれた佐賀県の田舎では、働き終えた農耕馬を河原に連れて来て1時間くらい水浴びさせ、遊ばせるんだ。すると、馬は、がぜん元気を取り戻す。それを思い出して、練習の後、三四郎の足腰を氷水で冷やした。これが、効いたね。あいつは故障しなくなって、絶好調だ」。これまた、アイシングです。私は「このエピソードは面白い。本番で紹介しよう」と、ほくそえみました。

箱根駅伝当日。私は1号車の放送席で、日

大の快進撃を心待ちにしていました。ところが、日大はある選手の〝ブレーキ〟で、トップグループに入れません。つまり、1号車の担当外です。結局、せっかく仕入れた「特ダネ」を紹介する機会はありませんでした。

特待生として中大へ

1958年4月、私は特待生として中央大学に入学し、法学部1年生になりました。家庭が経済的に恵まれていなかったために、中学を卒業したら日本鋼管に就職する予定でした。母と私たちきょうだいを虐げた父が、三男の私に言うのは「早く働け」ばかりでした。それが、まさか最高学府に入れるとは…。いろいろな人に出会い、導かれ、助けられた私は、感謝の気持ちでいっぱいでした。

当時、中大の文系学部の校舎は、国鉄（現JR）御茶ノ水駅から徒歩4、5分の神田駿河台にありました。私は初めて実家を離れ、練馬にあったグラウンド近くの合宿所に入りました。そこには陸上競技部、サッカー部、ラグビー部、馬術部の棟が並んでいました。合宿所の4人部屋で寝起きし、練習し、駿河台で講義を聴く日々が始まりました。

陸上競技部には短距離、中距離、長距離、マラソン、投てき、ジャンプの各ブロックがあり、私は長距離ブロック。長距離ブロックの最大の目標は箱根駅伝（正式名称は東京箱根間往復大学駅伝競走）ですが、陸上競技部全体では関東学生陸上競技対校選手権大会（関東インカレ）と日本学生陸上競技対校選手権大会（日本インカレ）で、全競技合わせて総合優勝することが至上命令。2位ではだめ。中大は「勝って当たり前」と言われた時代でした。

陸上競技部をまとめる監督は西内文夫さん。十種競技のエキスパートで、日本陸上選手権大会では51年から3連覇を達成しました。色が黒く、いつもサングラスをかけていて、〝闘将〟と呼ばれるのにふさわしい指導者でした。

新人は「インターハイ入賞（6位まで）」レベルがずらりと並んでいました。とはいえ、上下関係が厳しい運動部。1年生は練習以外にグラウンド整備や風呂当番、食事当番などがあり、5時の起床から大忙しです。グラウンドは土ですから、雨が降った後などは整備が大変でした。風呂を沸かすのは薪《まき》。当然、4年生から入浴しますので、1年生が入る頃には、お湯は汚れ切っています。

つらかったのは、先輩へのマッサージ。マッサージされているうちに眠ってしまう人がいて、いつまでたっても「もういい」と言いません。数人のマッサージを終えると、夜中

入学式が行われた中大３号館(講堂)。大学の八王子市移転により今はない

の0時を過ぎるのが普通でした。

体力を消耗するのは、砲丸投げなど投てきの選手のマッサージです。誰もがものすごい筋肉の持ち主ですから、ちょっとやそっとの力で押しても、全く効きません。1人終わると、へとへとでした。

〝枕事件〟も忘れられません。ささやかな入学祝いに、母が手作りの枕を持たせてくれました。枕に詰めたのは小豆。ある日、枕がペチャンコになっていました。中身がないのです。ある先輩が空腹のあまり、枕の小豆を煮て食べたというではありませんか。悔しいやら、母に申し訳ないやらでがっかりしました。

個性的ライバル登場

箱根駅伝は1920（大正9）年に第1回が行われ、戦争による中断を挟んで、2023年は第99回を迎えます。往路5区間、復路5区間、計10区間。現在は総距離217・1キロ、1区間が20・8キロ～23・1キロある学生駅伝最長のコースです。中央大学の初優勝は第7回大会（大正15年）。以来、私が入学した58年までに7度優勝している名門でした。

私は横浜高校時代に1500メートルと5000メートルを走っていました。高校生には1万メートルという長距離レースはありません。それでも、箱根を走る「20キロ」という区間の距離に対する不安は特にありませんでした。それに相当する練習を既に積んでいたからです。

私は中山中学時代に高校生レベルの、横浜高校時代は大学レベルの練習をしていました。高校3年の時、植木富士弥先生の指導で別大マラソン（別府大分毎日マラソン）の10マイル（約1万6000メートル）部門に出場し、実業団と大学の選手に勝って優勝しました。タイムは日本最高記録でした。

ですから、中大の陸上競技部でも、上級生とそこそこ走れる自信がありました。さらに、大学でも「プラスα精神」を実行しました。長距離ブロックの練習は10キロ、20キロ、30

1960年関東インカレ1万㍍、中大勢3人の先頭争い。左から田中光城君、私（1位）、南舘正行君（2位）。後ろは横浜高校の後輩で日本体育大学の渡辺苗史君

キロ走を集団でこなすことが多いのですが、私はその後で個人的に〝秘密トレーニング〟を課しました。

例えば、グラウンドを出てロードを10キロ走る。その「プラスα」で他の選手よりも距離を稼ぎ、体力と走力を付ける努力をしました。あるいは、ウエートトレーニングをする。「プラスα」は苦しいけれど、幼少時代の苦労と比べれば、たいしたことはありません。走ることは自分が選んだ道だし、走った距離は裏切りません。

同期入学に、南舘正行君という個性的なライバルがいました。岩手県出身で、全国高校駅伝のエースが集まる〝花の1

区〟で、2年連続区間賞を取った逸材です。私はインターハイで彼と知り合いましたが、2人とも無口な性格で、特に親しかったわけではありません。彼は私と似た家庭の事情があり、経済的な理由で中学を卒業して就職しました。しかし、その走力が認められて高校に進学したという経歴だったので私より1歳上でした。

南舘君は音楽が好きで、毎晩、夜遅くまでトランジスタラジオを聴いていました。上級生に「うるさい」と言われても、平気。それで睡眠不足だったのか、ある日、トイレで新聞を読みながら眠ってしまい、騒ぎになったことがあります。私は大学を卒業してミシンメーカーの「リッカーミシン」に就職しました。彼は、そこでも同期入社でした。

私には、彼にとっての音楽のような趣味がありません。大会の翌日は練習が休みになり、上級生のマッサージもしなくて済みますので、一日中、寝ていました。外出すると、何かとお金がかかりますから。

初の箱根　1秒に泣く

箱根駅伝は新年1月2日と3日にかけて行われます。私が中央大学に入学したのが1958年4月。その年の11月ごろ、西内文夫監督が長距離ブロックの選手を集め、翌59年の

第35回箱根駅伝に出場するメンバー十数人を発表しました。誰が、どの区間を走るか（10区間、10人）は、ぎりぎりまで検討されます。

私は今、東国大駅伝部の総監督を務めていますが、選手の起用と区間配置は常に難題です。トラックの1万メートルや、ロードのハーフマラソンの持ちタイム（自己最高記録）だけでは決められません。コーチの話を聞きながら最終的には大志田秀次監督が決定します。私が重視するのは、安定性です。持ちタイムはいいが、出来不出来の波のある選手は怖い。〝ブレーキ〟を起こしたら、チーム全体の浮沈にかかわります。

注意しなければいけないのは、選手の体調です。選手自身が一番よく分かっているはずですが、本番に出たいがために、不調やけがを隠す選手もいます。そのあたりの目配りと見極めが大切です。普段からの選手とのコミュニケーションが問われます。

さて、最終的に1年生の私が、往路3区（戸塚～平塚）に起用されました。驚いたことに、10区間のうち、なんと、私を含めて5人が1年生でした。前回紹介した南舘正行君も選ばれました。大胆な起用です。西内監督自身にも不安はあったでしょうが、後々考えれば、この采配が私の在学中4年間を含む中大の6連覇という記録の礎になりました。6連覇は、いまだに破られていません。

1年生で3区を走る。周囲はのどかな田園風景

出場が決まってからも、体調管理に気を付けました。緊張から消化不良や睡眠不足になり、それによってレース中に脱水症状を引き起こすことがあります。食事では、上級生から、差し入れのリンゴのおすそ分けをもらってうれしかったことを覚えています。天候については、あまり考えませんでした。以前から暑さ、寒さ、雨、雪はほとんど気になりません。ただ、小柄なので風は苦手でした。

そして当日、夢に見た箱根駅伝デビュー。3区21・4キロを走り抜けました。まあまあの走りができました。タイムは1時間09分32秒。しかし、終わってみれば区間2位で、1位の早稲田・中山昂選手（区間賞）と1秒の差でした。「わずか1秒かよ！」。これは悔しかった。

当時の伴走車は1大学に1台、自衛隊のジープがつき、監督はそれに乗って選手を叱咤《しった》激励しました。しかし、パソコンもスマホもありません。監督は他大学の情報をつかめません。中継はNHKのラジオ放送だけ。実況技術も、データの蓄積と分析力も、現在には遠く及ばなかったでしょう。「1秒差と分かっていれば、もう一踏ん張りできたのに」と悔やみました。

翌日の復路を終わって、中大は総合優勝を果たしました。32回大会（56年）以来3年ぶり、8度目の栄冠でした。

山上りの5区に挑む

中央大学2年生で出場した箱根駅伝では、つらい記憶しかありません。最大の難所、「山上り」の往路5区に起用されて〝ブレーキ〟を起こし、とうとう歩いてしまったのです。

1年生で3区を走り、区間2位に入って中大の優勝に少しは貢献できました。自信もつきました。2年では、どの区間を任せられるか。例年のように陸上競技部長距離ブロックのメンバー50人ほどは、西内文夫監督の指導の下に練習を積み、短期合宿を行いました。

選手の特性と体調を見極めて、10区間に適材を配置するのは監督の腕の見せどころです。前年、私を含めた1年生を5人も起用した西内文夫監督の眼力と大胆な采配は素晴らしかった、と今でも敬服しています。

さて、私たちは個々の特徴を生かした区間に配置され、試走することになりました。例年のように、難所はスペシャリストが必要な5区です。〝天下の険〟を駆け上がるという特徴に加えて、最長区間（当時は24・7キロ、現在は20・8キロ）のコース。そのきつさに、どの選手も腰が引けてしまいます。私は、その候補に選ばれました。

5人の候補者が、実際のコースを試走することになりました。試走は距離感とペース配分を体感し、周囲の風景と目印などを覚えるために行います。

私は、5区に適性があるとは思っていませんでした。私の走法は足腰のバネを生かして地を蹴り、跳ぶように脚を運びます。むしろ、山下り（6区）向きです。逆に、山上りにはストライド（歩幅）を伸ばさない、小刻みな、地をはうような走り方が適しています。例えば、私の同期生、南舘正行君の方が5区向きだと思っていました。

さて、試走スタート。ところが、南舘君をはじめ、みんな譲り合って、トップに出ようとしません。私は生来の負けず嫌いで、とにかくスタートの合図があると、つい、前に出

当時の応援風景。トラックの荷台に学生があふれている

てしまいます。私はスローペースに我慢できず、先頭に立ってトップのまま試走を終えました。

　数日後、出場メンバーが発表され、私は試走が決定打になったのか、本番の山上りを任せられることになりました。

　私は西内監督を信頼していましたので「しょうがない。やるだけだ」というのが、正直な気持ちでした。一方で、内心ではほかの4人は5区を避けるために「手抜きしたんじゃないか」と思いました。彼らの名誉のために、直接、問いただすことはしませんでしたが。南舘君は3区に起用されました。

　1960年1月2日、第36回箱根駅伝。

中大は1区で首位に立ちましたが、2区で日本大学に抜かれ、3区の南舘君が区間2位と健闘して中大と日大のデッドヒートに。続く4区の中大選手が左足を痛め、日大に大きく遅れてしまいました。私が小田原中継所で2位でたすきを受けた時、首位日大に4分以上離されていました。

5区で〝大ブレーキ〟

中央大学2年の時に走った箱根駅伝は山上りの5区。私が小田原でたすきを受け取った時、首位の日本大学と4分以上の差がありました。走り出したものの、調子がいつもと違います。バランスが悪く、リズムに乗れません。トラックならフォームを修正しやすいのですが、アップダウンが激しいコースでは難しい。コースの半分ほどで苦しくなり、ペースがぐっと落ちました。やがて意識がもうろうとして、体が左右に揺れ、道路の側溝に落ちそうになりました。ついに歩いてしまいました。

当時、山間部の5区と6区には伴走が許されました。実業団で活躍していた西村良三さん（中大OB）が一緒に走ってくれました。フラフラになった私を、西村さんが叱咤するのですが、何を怒鳴っているのか頭に入りません。歩いては走り、走っては歩き。何とかゴールに倒れ込み、意識を失いました。

結局、区間8位、往路全体で3位。首位日大とは7分41秒の大差がついてしまいました。往路2位には東京教育大（現・筑波大）が入りました。

駅伝でなければ、私は走ることをやめていました。しかし、駅伝は私1人のものではありません。たすきには仲間たちの汗が染み込み、伝統という重みが肩にのしかかっています。やめるわけにはいきません。

「箱根駅伝70年史」（関東学生陸上競技連盟編集発行）には、こう書かれています。「横溝は箱根路にかかり、平坦《へいたん》地を猛然と飛ばして日大の中村を追い、小涌園前では3分5秒差まで詰める力走ぶりだったが、起伏地ではやはりハネ上がるストライド走法は不利。前半のオーバーペースと気温の低下（5度、スタート時は9度）から、箱根の山中では伴走の先輩、西村よりも足が前に出ない。精根尽き果てて二度、三度歩く大ブレーキとなり、腹痛を訴えて目を閉じたままゴールに倒れ込んだ」

意識を取り戻した私は、申し訳なさとふがいなさに「（目の前の）芦ノ湖に飛び込んで死んでしまいたい」と本気で思いました。翌日のスポーツ紙には「中大の優勝絶望」の見出しがありました。全て私の責任です。

しかし、復路で奇跡が起きました。中大は6区で東京教育大を抜いて区間1位で日大を急追し、7区でも区間1位。8区でやや遅れましたが、9区（区間1位）で猛烈に追い上げ、日大との決着は10区へ。アンカー勝負は両校の並走から中大が抜け出し、劇的な逆転優勝を果たしました。

この経験から、私は多くを学びました。どんな人生にも山坂があります。諦めたら、それまでです。諦めなければ、いつか目標を達成できます。この年の中大が、そうでした。

つらい体験や失敗をしたからこそ、後の苦難を乗り越えられる。父との関係を含めて、苦しい経験は決して無駄ではありませんでした。今、苦境にある若い人にも、ぜひそのことを知ってほしいと思っています。

あの失敗と挫折は貴重な体験でした

箱根はごまかせない

2年生で走った箱根駅伝5区での〝ブレーキ〟。意識がもうろうとし、伴走者・西村良三さんの〝檄《げき》〟は全く聞こえませんでした。しかし、後にテレビの箱根駅伝中継で解説をしている際、私のブレーキの映像が流されました。どなたが撮ったのでしょうか。フラフラになっている自分の姿と、「ばか野郎！ 何やってるんだ！ 死ぬ気で走れ！」という西村先輩の声を初めて聞きました。思わず、涙が込み上げてきました。

ブレーキの〝後遺症〟から回復するのに、数カ月かかったと思います。心身ともにバランスを崩してしまいました。表立った非難はありませんが、多くの先輩や周囲が「総合優勝は良かったが、横溝のブレーキは…」と思っていることは痛いほど分かりました。しかし、長距離を走ることへの恐怖心はありませんでした。早く体調を戻してチームのために走ろう、恩返ししようという気持ちが湧いてきました。ウオーミングアップから始め、少しずつ体を動かしていきました。「完全休養」すると、心肺機能などを含めて、元に戻すのに時間がかかります。

陸上競技部長距離ブロックのメンバーが出場する大会は、箱根駅伝だけではありません。さまざまな大会があり、中央大学陸上競技部全体としては関東インカレ（関東学生陸上競技対校選手権大会)、日本インカレ(日本学生陸上競技対校選手権大会)で総合優勝する大目標があります。それらを見据えて、徐々にギアを上げました。

そして1961年1月、3年生の時に、今度は復路、山下りの6区を走りました。前日の往路は目まぐるしい首位争いになりましたが、5区で同期の南舘正行君が快走。2位日本大学に1分24秒の差をつけていました。

私は「今度は失敗しないぞ」という強い決意で臨みました。山上りと同様、山下りもスペシャリストの区間と言われます。勢いにブレーキをかけつつ、坂道を跳ぶように下ります。上下動が激しく、膝や腰への衝撃と負担が平坦地より格段に大きい。全体的に6区は3000メートル障害の選手が多かった記憶があります。

私は山下りが嫌いではありませんでした。バネを利かせて、跳ね上がるような私

私が着けていた箱根駅伝のゼッケン。いろいろな思いが染み込んでいる

の走法に適していたのでしょう。会心の走りができて「区間賞を取れる」と確信しました。ところが、下りが終わって平坦になり、小田原中継所まで4キロほどの距離の終盤。1時間以上、坂道を駆け降りてくると、急に現れた平らな道が〝上り〟のような感覚になってしまいました。足がうまく運べない、重い…。

それでも、日大との差を4分40秒差に広げました。1時間11分14秒、区間新記録。結局、中大は総合記録で大会新を出し、3連覇を果たしました。1年の時から3連覇に関わった私の感想は「箱根はどの区間も、ごまかせる距離じゃない」ということです。

中大1年から4連覇

ここで箱根4連覇の本題に入る前に、3000メートル障害について書こうと思います。横浜高校時代、高校生には障害レースは許可されておらず、走った経験はありませんでした。ただ「水たまり（水濠《すいごう》）を跳び越えるのが面白そう」と思っていました。小さい頃から、水たまりや川遊びが大好きでした。

進学先に中央大学を選んだ理由の一つが、布上正之さんでした。布上さんは中大時代に箱根駅伝で活躍し、実業団では3000メートル障害の日本記録を持っていました。「いつか、布上さんと走りたい」と思っていました。

3000メートル障害では高さ91・4センチのハードルを28回、最深部約70センチの水濠を7回越えます。当然、長身の選手が有利で、165センチの私は「あと5センチ高ければ」と思ったものです。

それでも、走法が障害レースに向いていたようです。1961年の日本選手権3000メートル障害で8分56秒2の日本新記録を出し、日本人初の9分突破。その後のドイツ留学を経て、64年の東京五輪でも3000メートル障害の日本代表に選ばれました。

話を駅伝に戻します。62年1月、第38回箱根駅伝。私は4年生、最後の出場でした。与えられたのは10区、アンカーです。当時の中大は無敵でした。優勝して当たり前。闘将・西内文夫監督は私に言いました。

「最後の花道を飾れ。安心して走れ」

往路は10年ぶりの〝雪中駅伝〟になりました。雪と風に見舞われましたが、中大は1区からトップに立ち、その後も首位をキープ。2位の法政大学を3分45秒離していました。

復路は、打って変わって快晴。中大はこの日も好調で2位との差を広げ、最終10区の鶴見中継所で私がたすきを受けた時、2位と9分06秒の大差がついていました。私は伸び伸

神奈川新聞　昭和37年1月4日（木曜日）　(4)

大差つけて4連勝

選手のツブそろう　光った猿渡(1区)の力走

中大、全区間トップ　箱根駅伝

◇総合順位①中大（中村、千野、黒仁田、井上、横溝）12時間14分5秒（往路6時間14分53秒、帰路5時間59分12秒）

ゴール寸前の中大アンカー横溝選手＝読売新聞社前で

中大の４連覇を報じる神奈川新聞。写真はゴール直前の私

び走ることができて、大観衆が待ち受けるゴールに飛び込みました。

結局、全10区間首位という完全優勝で４連覇。「箱根駅伝70年史」（編集発行・関東学生陸上競技連盟）は「勝因はトラック、芝生の練習によってスピード養成に努めた成果」と書き、「豊かな練習量と優勝への気迫」を指摘しています。４連覇は後輩が引き継ぎ、６連覇に伸ばしました。この記録は、現在も破られていません。

大学4年間、ひたすら走りました。駅伝でのブレーキや失敗があり、挫折を乗り越えることの意義を学びました。他人との考え方の違いを知り、痛みや喜びを分かち合うことを教えられました。卒業後も、陸上競技を通して多くの知遇を得て、育てられ、道が開け、今日に至っています。全ては出会い。感謝、感謝です。

沖縄の海に魅せられ

ここまで長距離ランナーとしての半生をつづってきましたが、一息入れて、私の趣味、海水魚捕りと飼育の話をしましょう。

私の家には380リットル入る水槽があり、そこに色とりどりの美しい魚が泳いでいます。サザナミヤッコ、スズメダイ、カクレクマノミ、タテジマキンチャクダイの幼魚《ウズマキ》……。どれも、私が捕ったものです。専門店で、1匹数万円の値が付いている魚もいます。

この趣味は結婚前からなので、もう半世紀以上になりますか。魚の分布、生態系、飼育法、健康と餌、水質管理、自然保護など勉強すればするほど奥が深く、専門誌が発行されていて、取材を受けたこともあります。約160カ国が加盟する世界水中連盟（CMAS＝略称「クマス」「シーマス」）認定のスキューバダイビングのライセンスも取得しました。

自宅に据え付けた水槽の前で

　横浜高校時代に、海との強烈な出合いが巡ってきました。1957年、3年の時に富山県で開かれたインターハイの1500メートルと5000メートルで優勝し、各種目の優勝者が沖縄に遠征しました。全国高等学校体育連盟（高体連）の企画で、本土復帰前の沖縄県チームと競技会を開くことになったのです。

　初めてのパスポートを手にして、富山から神戸までは列車。神戸から沖縄までは、長い船旅でした。競技会の会場はいくつかに分かれ、私が走ったのは那覇市にある高校でした。1周200メートルのグラウンドは土とサンゴでできていて、私のスパイクの針が折れてしまいました。

沖縄滞在中のある日、みんなで海水浴に行きました。有名な万座ビーチです。その美しさには心底、感動しました。真っ白な砂浜、エメラルドグリーンの海。極彩色のかわいらしい魚の群れが、目の前を泳いでいるではありませんか。ああ、思いっ切り海に潜りたい！いつか、この夢をかなえるぞ！と興奮しました。

しかし、そのチャンスは、なかなか巡って来ませんでした。ひたすら走り続けた中央大学時代には、まだアイシングという考え方がなかったために、スポーツマンが体を冷やすことは厳禁でした。

62年、大学を卒業してリッカーミシンに入社しました。同社の陸上競技部は大昭和製紙、旭化成と並ぶ実業団チームの強豪で、中大の同期でライバルの南舘正行君も一緒に入社。厚生施設の寮が葉山にありました。これが幸いでした。陸上競技の練習や試合がない週末は1人で葉山に出かけて海に潜りました。万座ビーチの夢が、かなったのです。

以来、葉山、三浦半島・観音崎をはじめ、折々の合宿地近くの海が、私の〝庭〟になりました。合宿で最もよく行ったのは伊豆半島です。続いて宮崎、奄美大島、徳之島、沖縄本島、宮古島、さらに三宅島、八丈島。国外では台湾、マレーシア、豪州。素潜りで水深5、6メートル、酸素ボンベを背負って15メートル～20メートルほど潜ります。

魚の飼育は面倒だが

私は負けず嫌いで、凝り性で、せっかち。何かに魅せられると、時間がたつのを忘れて、のめり込んでしまいます。沖縄で美しい海と魚に出合い、それを捕って育てることを趣味として現在に至っています。

分厚い「日本沿岸魚類の生態」（講談社、1971年刊）を夢中で勉強。魚種の多さと、色とりどりの美しさに圧倒されました。魚の捕獲法も研究しました。魚の群れを囲んで捕らえる〝巻き網〟が基本ですが、魚を岩場の陰に誘い込むには、魚の習性を知らなければなりません。次の課題は、捕獲した魚を滞在中のホテルや自宅の水槽まで運ぶことです。自宅へは、魚と水を入れたビニール袋に酸欠防止のため乾電池式の携帯エアポンプなどを入れ、発泡スチロールの容器に詰めて、航空会社に託しました。

水槽に入れてからも、気が抜けません。酸素供給だけでなく、ろ過装置を使って水素イオン濃度指数（pH）を管理し、水質が酸性か中性かアルカリ性かを常にチェック。餌を与え、ふんを処理し、バクテリアを繁殖させます。

魚にも性格があり、種類によって相性があって、時にはけんかします。「遠洋航海の船員は野菜不足になるとけんかしやすい」という趣旨の記事を読んで、思い付きました。魚

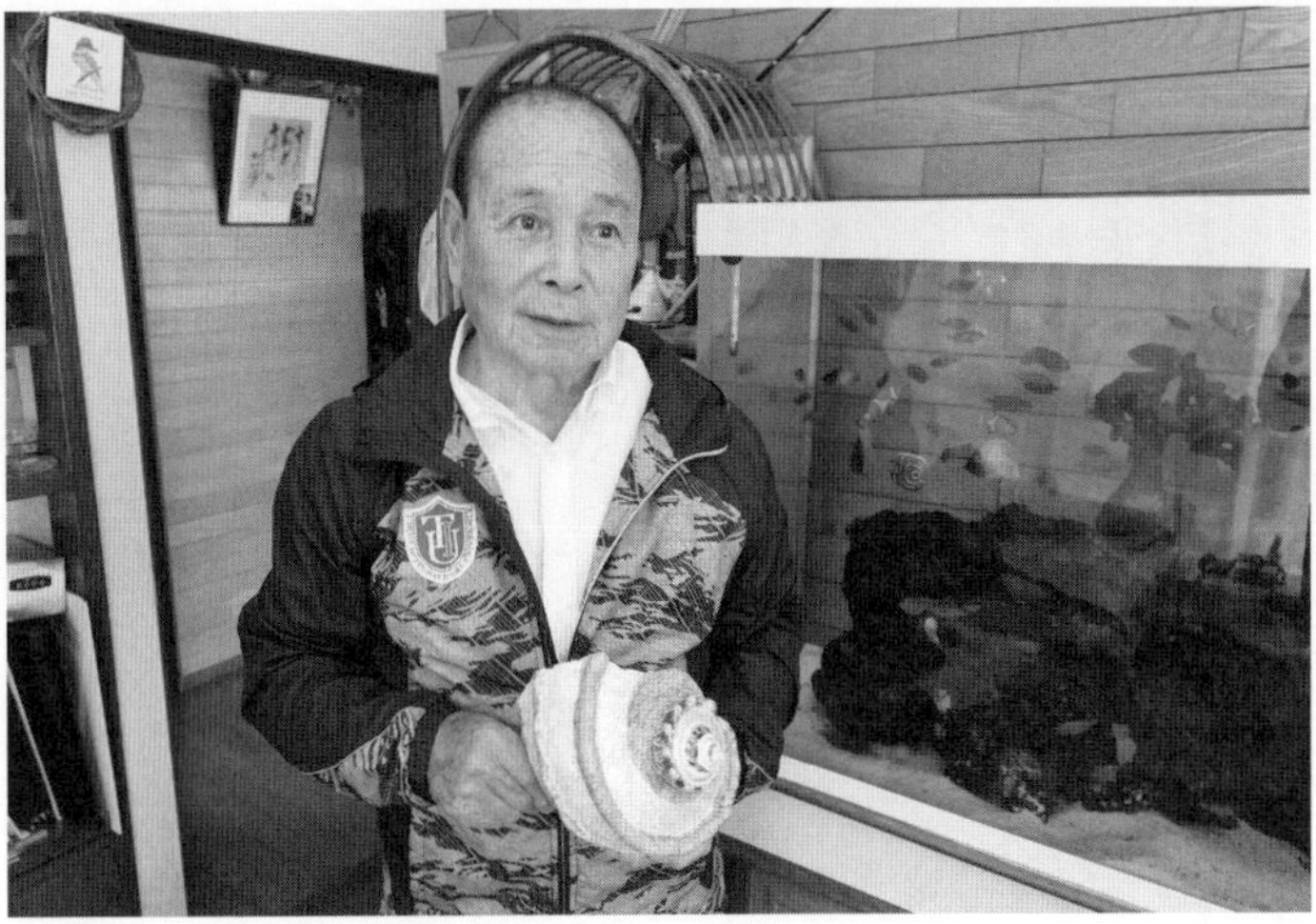

私が手にしているのは鹿児島県徳之島で捕った夜光貝

も野菜不足だとストレスがたまるのではないか。そこで、アサリの身とレタスをみじん切りにして混ぜ、餌にしました。これは食い付きが良く、成功したようです。

このように、魚の飼育は手間がかかり、面倒です。それを怠るとすぐ水質が悪くなり、魚は病気になってしまいます。面倒だからこそ、楽しい。苦労は、やりがいにつながります。簡単なことでしたら、やっても面白くありませんし、達成感もないでしょう。魚の飼育は、ランナーの育成より難しいかもしれません。何しろ、魚は言葉を発してくれませんから。

一時期、わが家には大小五つの水槽が

ありました。ろ過装置が故障して、床が水浸しになったことも一度や二度ではありません。2011年の東日本大震災の際、私は宮崎で合宿中でした。やっと電話が通じて、開口一番、妻に「水槽は大丈夫か」と聞いてしまいました。妻からはあきれ声で「心配なのは私のことじゃなくて、水槽なんだ！」と返されました。二の句が継げませんでした。

危険な目に遭ったこともあります。徳之島の沖合で長時間潜った後、島に戻ろうとしたものの引き潮になっていて、なかなか岸にたどり着けません。重量約20キロの酸素ボンベを背負い、疲労困憊《こんぱい》しました。熱海では夜、荒波のために消波ブロックに体が挟まれて身動きできなくなりました。

私の趣味にほんろうされ続けた妻は、東日本大震災から3年後の14年5月20日、67歳で亡くなりました。3人の子ども（長女、次女、長男）はとっくに独立して、私は1人暮らし。魚たちが水槽で元気良く泳ぐ姿を見るのが最大の楽しみです。

東京五輪を目指して

陸上競技の話に戻りましょう。1959年5月、西ドイツ（当時）のミュンヘンで開かれた国際オリンピック委員会（IOC）総会で、64年の東京五輪開催が決まりました。日本の悲願がかなったのです。

それを受けて、選手強化に乗り出した陸連（日本陸上競技連盟）は61年、西ドイツのマインツ大学のベルノー・ウイッシュマン先生を1年間の契約でコーチとして日本に招きました。マインツ大学やマインツクラブから多くの五輪選手を輩出している、体育専門の高名な教授です。

中央大学陸上競技部・西内文夫監督も強化選手指導のコーチとなり、ウイッシュマン先生とコンビを組む形になりました。西内監督は米国で陸上競技の勉強をした経歴があり、日本と欧米の考え方の違いを理解していました。

ウイッシュマン先生の指導は走る技術、トレーニングから食生活までとても多岐にわたりました。特に印象深かったのは「長距離ランナーは内臓を冷やすな」「内臓が弱いと、最後の競り合いで勝てない」「冷たい食物は厳禁。リンゴも温めて食べろ」という教えです。リンゴを加熱調理するわけでなく、室温程度にしろということですが、今までに経験したことのない視点が新鮮でした。科学的なトレーニングとともに、スポーツに対する心構えがいかに大切かを学びました。

契約期間が終わって62年3月、ウイッシュマン先生が帰国することになりました。ちょ

神奈川新聞

1964年オリンピック東京にきまる

圧倒的支持、一回で

得票・東京34、ウイーン10

沸き立つ万歳

県も受け入れ準備

ヨット・射撃・オリンピック村

物をいった熱意

「開催順序」にも新方式

万全の準備を

あらゆる食器

若林洋食器店

東京五輪開催決定を報じる神奈川新聞

うど、私が大学を卒業する年です。リッカーミシンに就職が内定していたのですが、もっと多くのことを先生に学びたいと強く思いました。西内監督の承諾を得て、留学への熱意を先生に伝えると「それなら、うちの大学に来なさい」と快諾してくれました。

私は陸連とリッカーミシンに、その旨を伝えました。「陸連の派遣で、費用負担はリッカーミシン」「留学期間はおよそ2年」という線で話がまとまりました。当時のリッカーミシン陸上競技部は実業団のトップクラスで、五輪候補の選手がたくさんいました。最終的に、同社は私を含めて計10人の選手を東京五輪に送り出します。

スポーツ留学は、私が第1号だったのではないでしょうか。それまでに海外遠征は何度か経験していました。59年、ドイツ・コブレンツ国際大会（3000メートル障害、ジュニア世界新）、同年、イタリア・トリノで世界学生選手権大会（5000メートル2位、日本記録）、61年、ブルガリア・ソフィアでの世界学生選手権大会（5000メートル3位）などです。

初めての留学に当たり、陸連とリッカーミシンは「1人では何かと不安だろう」と、もう1人の留学生を同行させてくれました。やはり、リッカーミシンに内定していた森本葵《まもる》君。中大陸上競技部の同期生で、中距離ブロックのエースです。彼がマインツ大留学中に作った800メートルの日本記録は、その後、28年10カ月間、破られませんでした。

独マインツ大に留学

1962年3月に中央大学を卒業した私は4月、リッカーミシンの社員となって森本葵君とともに西ドイツ（当時）に渡り、マインツ市にある名門、マインツ大学に留学しました。身分は、ベルノー・ウイッシュマン先生の聴講生です。

マインツ市はラインラント・プファルツ州の州都。活版印刷の発明者、ヨハネス・グーテンベルクの生誕地で、市心部にグーテンベルク博物館があります。マイン川とライン川の合流点に位置し、「ローレライ伝説」で有名なライン下りの出発点。観光シーズンは大変にぎわいます。緯度は北緯50度。世界地図を広げると、日本の北に位置する、南北に長いサハリン（樺太）の中央あたり。冬は氷点下20度以下になります。私たちが現地入りした4月は、雪が残っていました。

マインツ大学には、既に2人の日本人留学生がいました。東京教育大学（現・筑波大学）OBで110メートルハードルの鴨下礼二郎さんと、順天堂大学OBで800メートルランナーの須田柳治さん。2人は留学3年前後で、鴨下さんはウイッシュマン先生と私たちの間の通訳をしてくれました。

到着早々、問題が起きました。受け入れ先の家が決まっていなかったのです。先生の意見で、仕方なくグラウンドのそばにキャンピングカーを持ち込み、当面はその車内で生活することになりました。

料理を作るのは好きだったので、電熱器を使ってなんとかしましたが、大の男2人が住むには狭くて窮屈です。森本君とは当初から「ドイツ語を早く覚えるために、別々にドイツ人の家に住もう」と話し合っていました。キャンピングカー生活を数カ月続けながら、地元の新聞に「貸家求む」の広告を出したり、近所を歩き回ったりして物件を探しました。

西ドイツ留学時代。右から私、森本君、ウイッシュマン先生、須田さん

鴨下さんが同行してくれました。

生活費は、どうしたかと言いますと、外貨（マルク）の持ち出しができない時代で、日本の商社・日商岩井（現・双日）のハンブルク支社の協力を得ました。リッカーミシンと日商岩井は取引があったのです。私と森本君は月に1度、ハンブルク支社に出向き、経理担当者から1カ月生活できる程度のマルク紙幣を借りる。その返済として、リッカーミシン本社が各自の給料から借金分を日商岩井に振り込む――という方法です。

ハンブルクはドイツ北部の港湾都市です。マインツからフランクフルトまで列車、そこからハンブルクまではプロペラ機。片道約2時間の出張でした。

さて、ある時、私と鴨下さんは賃貸物件を探してマインツの町を歩いていて、建築中の家を見つけました。40代とみられる男性が、ブロックを積んでいます。「日本の留学生ですが、下宿させてもらえませんか」と尋ねると「これは私の家だ。妻と相談してみるから、3日後に来てくれ」という返事。約束の日に訪ねると「君を受け入れることにしたよ。2階の一室を改装しよう」という答えでした。

時には鉄拳が飛んだ

マインツ大学から徒歩10分ほどの下宿先は、ご主人のツィンマーマンさんが自らブロックを積んで作った2階建てです。後に知ったのですが、ツィンマーマンは「大工」という意味。ツィンマーマンさんは、名前の通り大工さんでした。といっても、日本の大工さんのイメージとは違って、〝ブロックやレンガを積む人〟という感じでした。

ツィンマーマンさんは祖母と妻、子ども2人の5人暮らし。おねえちゃんのダックマルさんは8歳、弟のホルゲーちゃんは4歳でした。私は2階の一室を改装した部屋を与えられました。キッチンは1階で共用ですが、食事はツィンマーマン家とは別に自炊しました。私は、その家で2年余を過ごしました。

さて、ベルノー・ウイッシュマン先生の指導についてお話しします。先生は元々、十種競技の選手でした。中央大学陸上競技部の西内文夫監督と同じ経歴で、陸上競技全般に精通していました。

練習方法で日本と違っていたのは、まず、ウエートトレーニングの重視。特に気温が氷点下20度以下になる季節は、グラウンドの土がカチカチで練習ができません。そこで、体育館で徹底的にウエートトレーニングを課せられました。

ウイッシュマン先生(手前)の指導でトレーニングに励む森本君(左)と私

前段で、長距離走者に必要な筋肉について学びました。「君に必要なのは、投てきの選手のような隆々とした筋肉や、重量挙げの選手のような瞬発的に強い筋肉ではない。弾力性と持続性のある筋肉だ」。筋肉の種類という考え方も新鮮でした。

もう一つは、練習後に筋肉の疲

労をほぐす「ダウン」（ウオーミング「アップ」の対語）の方法。先生はスパイクを脱がせ、はだしで芝生の上でダウンさせました。シューズで締め付けられた足が解放され、足の裏に心地よい刺激が加わります。これも、初体験でした。ただ、嫌だったのは芝生やレンゲソウなどがはえている草地で、度々ミツバチに刺されること。愚痴をこぼすと、先生は「体に良いから、どんどん刺されろ」。何が体に良いのか、いまだに分かりませんが。

指導に従わないと鉄拳が飛んで来ました。前にも触れたように、先生は内臓を冷やすことを禁じました。「内臓が弱い長距離ランナーは最後の競り合いで勝てない」というのが持論で、リンゴも冷えたまま食べるのは厳禁。しかし、暑い季節にはどうしても冷たいものを飲んだり、食べたりしたくなります。それが見つかって殴られたことは、一度や二度ではありません。

先生はマインツ大学でも格の高い教授でしたが、せっかちでした。私もせっかちですが、私の比ではありません。ベルギー遠征に向かう日のことです。先生の高級車「オペルカピテーン」でアウトバーン（自動車専用高速道路）を走ることになりました。「乗れ」と言われて、ドアを開けようとしました。と、私が乗る前に発車。しばらくして、高級車は戻って来ました。

日本食は持ち込まず

ツィンマーマンさんのお宅に下宿した私の生活ぶりをご紹介しましょう。

私の部屋は2階。ベッドとデスク、テレビがありました。テレビは当然、ドイツ語なのでほとんど見ません。隣は夫妻の寝室でした。起床は6時。1階のキッチンはツィンマーマン家と共用ですが、食事は別々です。

朝食はほとんどパンとハムエッグ、野菜ジュース。ドイツのパンは塩気があり、外側は硬くてどっしりしていますが、中はやわらかい。食べ応えがあって、おなかがいっぱいになります。ハムは地下室に貯蔵していて、必要に応じて切り取ってくるのですが、とてもおいしかった。私は食事を自分の部屋でとり、一家とテーブルを囲むことはありませんでした。

私は日本の米、しょうゆ、みそなどの食材をドイツに持ち込みませんでした。昔から好き嫌いがなく、何でも食べられます。これは強みでした。海外での競技会に出場して外国の食べ物が口に合わず、苦労する選手がいますが、私はそれがありませんでしたから。

昼食は、日々練習しているマインツ大学の食堂で、皆と一緒に食べます。ここは現金払い。夜は下宿で焼き飯をよく作りました。米はインディカ米になりますが、食材は全て現

休日に森本葵君(右)とマインツ市内観光

地で調達できました。

ツィンマーマン家の子どもたち（8歳の長女ダックマルさん、4歳の弟ホルゲーちゃん）は焼き飯が大好きになり、私が調理を始めると、そばにつきっきり。「ちょうだい、ちょうだい」とせがまれるとついあげてしまうのですが、2人とも後でお母さんに叱られていました。満腹になってお母さんの手料理を食べなくなるからです。

ツィンマーマン家の人々は、友好的で親切でした。ハンガリーから亡命してきたらしいツィンマーマンさんは気さくな大工さん。自宅で工務店を経営していました。仕事が終わると、アマチュアレスリングの道場に通います。

たまに「一緒にコーヒーを飲もう」と私に

声をかけてくれました。日本に関する知識はあまりありませんでしたが、コーヒータイムなどには「この前の戦争では、イタリアとドイツが降伏した後でも、日本は頑張った」と言っていました。第2次世界大戦と日独伊三国同盟を踏まえての感想でしょう。奥さんは社交的な方で、ツィンマーマンさんはとても彼女に気を使っていました。

2人の子どもは私を「ヤパーナ（日本人）ヨコミゾ」と呼び、懐いてくれました。私の部屋で3人でたわいのない遊びをするうちに、私は簡単なドイツ語を少しずつ覚えていきました。これには助かりました。子ども相手なら、リラックスして学べます。もちろんドイツ語会話の学校はあったのですが、陸上競技の練習時間が削られるので通うのを諦めていたのです。

ツィンマーマンさんが運転する車で、家族そろって買い物に行ったのは楽しい思い出です。

最終列車逃して野宿

ドイツに留学した私は日本の動向や情報を日本の新聞から得ていました。といっても、下宿先で新聞を取っていたわけではありません。

月に1度、日本の商社・日商岩井（現・双日）のハンブルク支店に出向いたことは、すでに書きました。外貨の持ち出しが制限されていた時代、生活費として約1カ月分の外貨（ドイツのマルク）を借りるためです。そこの経理担当者がいろいろと世話を焼いてくれ、夜は歓待してくれました。商社ですから、当然、情報源として日本の新聞各紙が保管されています。私はこの担当者から用済みになった新聞をもらってハンブルグで泊まるホテルで読みました。月に1度なので情報の鮮度は落ちますが、ぜいたくは言えません。

そんなこともあって、マインツからフランクフルト経由で片道2時間ほどのハンブルク出張は、1泊行程になりました。また、私がよく利用したパンアメリカン航空の日系人支店長と懇意になり、この方は日本の新聞を私の下宿に送ってくれました。

話が横道にそれますが、フランクフルトでは、忘れられない出来事がありました。

留学中も、各種大会の長距離部門に出場しました。フランクフルトで行われた大会に出ての帰路。うっかりして、マインツ行きの最終列車に乗り遅れてしまいました。生活費を切り詰めていましたので、ホテルに泊まる余裕はありません。

さて、どうしたものかとあたりを見回すと、建築中のビルが目に入りました。やむを得ない、建築現場に潜り込んで一夜を明かし、翌日の始発列車で帰ろう――。覚悟を決めて、

留学中のレース。先頭から４人目が私

現場にあった段ボールにくるまり、たまたま持っていたチキンで腹ごしらえをしていました。

しばらくすると、犬の激しい鳴き声と懐中電灯らしき灯が近づいてきました。巡回のガードマンとシェパードです。私もびっくりしましたが、ガードマンもさぞ驚いたことでしょう。私はすぐ立ち上がって、片言のドイツ語と身ぶり手ぶりで、懸命に事情を説明しました。やがてガードマンは〝遠来のヤパーナ（日本人）の難儀〟に同情してくれた様子で引き上げて行きました。おとがめはありませんでした。

ついでに、失敗の第2弾を。マインツ

大学での練習を終えたある日の夕方、森本葵君とビアホールに入りました。ドイツには冷えたビールのほかに、温めて飲むビールがあります。ソーセージを食べながらビールを楽しみ、いい気分で下宿に戻りました。

部屋に入って電気をつけてびっくり。ベッドに〝先客〟が2人いるではありませんか。彼らと私は同時に、叫び声を上げました。ツィンマーマン夫妻でした。酔っていた私は、間違えて隣室の夫妻の寝室に入ってしまったのです。

以後、1週間ほど夫妻とは口がきけず、気まずい雰囲気が続きました。

村社講平とヒトラー

前にも書きましたように、マインツ大学で私が師事したベルノー・ウイッシュマン先生は、もともと十種競技の選手でしたから、陸上競技全般に精通していました。先生はもちろん、1936年のベルリン五輪5000メートルと1万メートルで活躍した日本の村社講平選手を知っていました。というより、先生が日本陸連に招かれて来日し、私たち日本の五輪候補選手を指導した際、村社さんも指導者の一人でしたから、そこで交流を深めたのでしょう。

ある時、ウイッシュマン先生とベルリン五輪の記録映画を見る機会がありました。5000メートルと1万メートル決勝での歴史的なデッドヒートの実写は、私の心を熱くしました。大柄な外国人選手を抑えてトップを走る、ひときわ小柄な村社選手に満員のスタンドは熱狂。その一角に陣取ったヒトラーも、村社選手に拍手を送っています。

なぜヒトラーが日本人選手を応援しているのか、先生に聞きました。先生は「あの時、ドイツの選手は決勝に進めなかったのではないかな。ムラコソと最後まで競り合った3人は、いずれもフィンランドの選手。だから、ヒトラーはムラコソを応援したんだろう。ドイツと日本が、政治的に近づく時代でもあった」と教えてくれました。後で知ったのですが、ベルリン五輪の後、11月にドイツと日本は「防共協定」を結びました。

マインツ大学で3000メートル障害のトレーニング

さて私が留学した62年当時、マ

親友になったロビー君

インツ大学やマインツクラブの選手には長距離の有力選手がおらず、レースでは私がいつもトップ。死に物狂いで競うライバルがいないために、物足りなさを感じていました。それを察したウイッシュマン先生は、マインツの北にある都市ドルトムントにいる強い長距離ランナーを紹介してくれました。

私は金曜日にドルトムントに行き、その日と土曜日に彼と走り、日曜日にマインツに戻る生活をしばらく続けました。

一方、マインツ大学で練習するうちに、ドイツ人の親友ができました。短距離ランナー（400メートル）のマクセル・ロビー君。マインツクラブに所属する選手で、ドイツ人としては身長が低い。その点も、親近感を抱いたのかもしれません。私より年下でしたが、親切で、しょっちゅう自宅に招いてくれました。休日は、2人で映画を見に出かけました。アメリカ映画が多かったような記憶があります。作品名は忘れましたが。

留学を終えて30年ほどたってから、ドイツで彼と再会しました。当時、私は松下通信工業（現・パナソニック）の女子陸上競技部の監督をしていて、1人のケニア人選手に注目し、スカウトしようと考えていました。たまたま、彼女がドイツで短期合宿していることを知り、私はドイツに飛びました。彼女と交渉をした後、「せっかくここまで来たんだから、ロビー君に会おう」と、マインツを訪れました。再会を喜び、近況を尋ねると、彼は大学の教授になっていました。

けがで長期リハビリ

ドイツ留学が2年目に入って間もなく、アクシデントに見舞われました。けがをして長期の通院とリハビリを余儀なくされたのです。競技会への出場はもちろん、練習もできない状態に陥ってしまいました。

けがの箇所は、左ひざの関節。学生時代の古傷でした。中央大学4年の時、3000メートル障害で水濠のある大障害を跳び越えた際に少し傷めていました。ドイツに来て、冬は氷点下20度を下回る気温の中でトレーニングを重ねたため、徐々に悪化したようです。関節に水がたまって腫れあがり、屈伸できなくなりました。

ひざ関節は「関節包」という組織で覆われていて、その内側に「滑膜」があり、膜の中に「滑液」が満ちています。この液が関節を保護し、関節のスムーズな動きを支えています。しかし、ひざに無理な負担がかかると滑膜が炎症を起こし、滑液が余分に作られてしまうことがあります。これが「水がたまる」状態です。

ウイッシュマン先生に相談すると、先生はすぐにマインツ市内にある大学病院を紹介してくれました。下宿先からバスで30分ほどの距離にありました。

通常、ひざに水がたまると、日本では注射器で水を抜く治療方が基本です。しかし、私が留学していた頃のドイツでは、一つの先例がスポーツ医学界に衝撃を与えていました。

110メートル障害の世界記録保持者だったマルティン・ラワーが私と同じようにひざを傷め、関節にたまった水を抜いたのですが、どういうわけか、その治療が失敗しました（私がかかった病院とは別の病院でした）。彼は歩けなくなり、とうとう選手生命を断たれてしまったのです。私も、その事例を知っていました。

以来、ドイツのスポーツ医学界では水を抜く治療を避けるようになりました。私も関節の水を抜かず、プールやぬるま湯に入って歩いたりする〝自然体〟のリハビリ療法を取ることになりました。当然、この方法では、回復までに時間がかかります。しかし、それ以

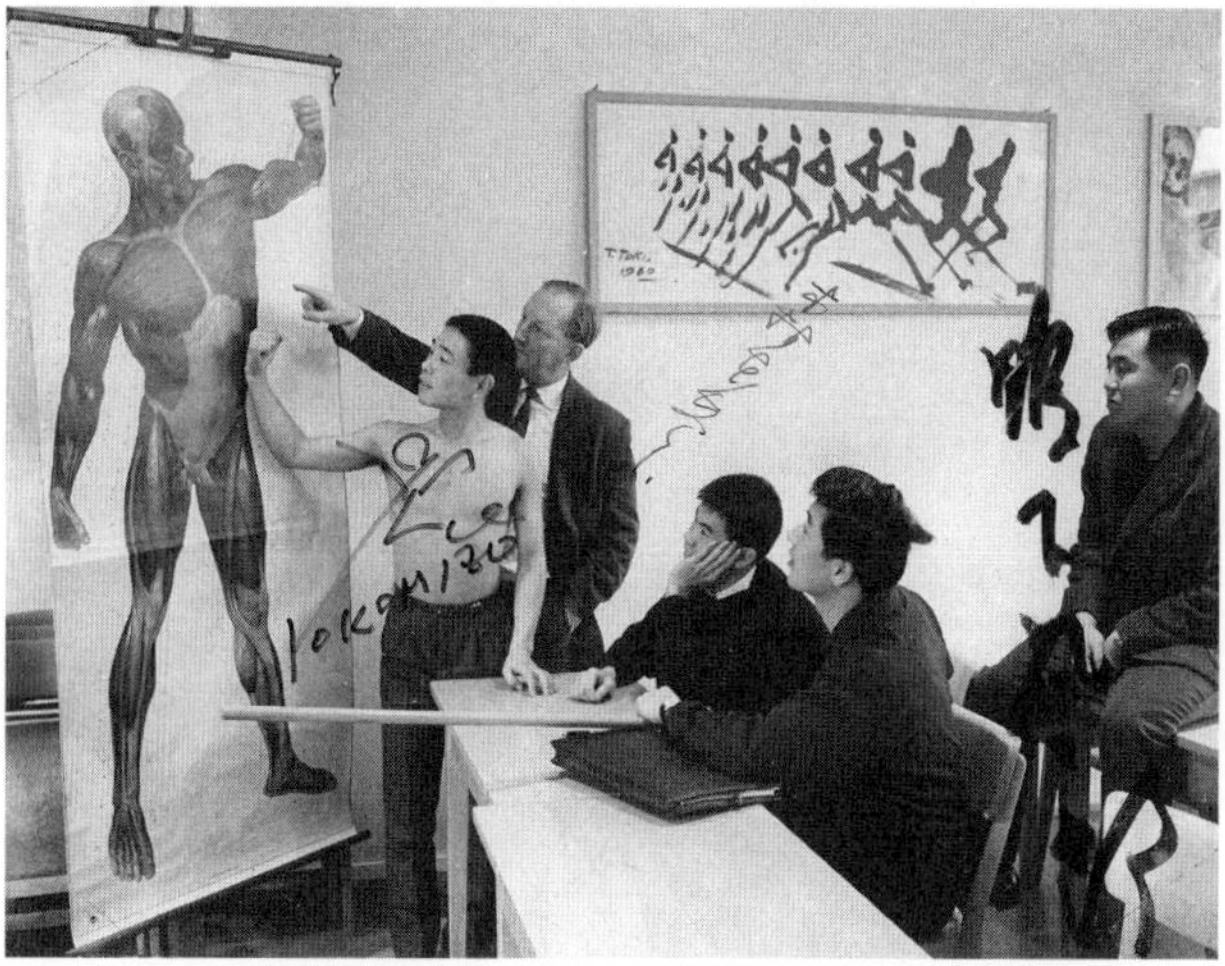

ウイッシュマン先生の授業風景。左から私、ウイッシュマン先生、森本君、須田さん、鴨下さん(写真にサインが書かれている)

外に手段がないというのですから、やむを得ません。週3日通院し、辛抱強くリハビリに取り組みました。

焦りました。日本陸上競技連盟(陸連)から派遣され、所属するリッカーミシンの多大な支援を受けての留学です。1964年の東京五輪も迫っていました。

練習すらできないわが身が情けなく、関係者に対して申し訳なさが募りました。このままでは、周囲の期待に応えられないのではないか…。ラワーのように、選手生命が終わってしまうのではないか…。しかし、「今、できることに全力で取り組むしかない」と気持ちを切り替え、地味なリハビリに努めました。諦めずに続けているうちに、ほんの少しずつですが、快方に向かっていきました。
リハビリは半年以上続きました。ランナーにとって、大きなブランクです。そのつらい日々に、私はドイツ語を勉強する機会を得ました。

看護師に独語を習う

左ひざの関節に水がたまり、長期のリハビリに取り組んでいる間、エビイ・シェーファーという看護師さんのお世話になりました。彼女は親切で、いろいろと話をするようになりました。ぽっちゃりした感じの人で、23歳の私より少し年下だったのではないかと思います。彼女は私のつたないドイツ語を聞いて「これでは不自由だろう」と同情したのか、手が空いている時にドイツ語を教えてくれることになりました。

マインツ市内にはドイツ語を教える学校がありましたが、練習時間との関係で入校しませんでした。ベルノー・ウイッシュマン先生との会話は、鴨下礼二郎さんが通訳してくれました。それまで、基本的な勉強をしていないので、私のドイツ語は下宿先の子どもやトレーニング仲間の〝聞きかじり〟レベルでした。それを知ったシェーファーさんは、ドイツ語の文字を書くことから始めて、文法と発音の基礎を一から教えてくれました。

初めは、病院の休憩室が教室でしたが、やがて彼女が私の下宿に来たり、私が彼女の家を訪ねたりして勉強するようになりました。私の下宿先のツィンマーマン夫妻はシェーファーさんを歓待してくれましたが、シェーファーさんのお母さんは、どうも日本人の友達（私）を快く思っていない様子でした。私は彼女の家に行くことをやめました。

〝シェーファー先生〟の指導のおかげで、私のドイツ語は徐々に上達したようです。それまで、国内外の遠征にはウイッシュマン先生や鴨下さんが同行してくれたのですが、私1人で行くことが多くなりました。先生は競技会出場のエントリーをした後、

けがから復帰して練習を再開した。左からウイッシュマン先生、私、森本君＝マインツ大学グラウンド

飛行場の場所や競技会場などを説明し、注意事項を伝えて、後は私に任せるようになりました。現地に着くと案内の人が待っていてくれました。

また、ドイツで行われる競技会に出場する日本人選手や日本チームの通訳の役割をこなせるようになりました。それもこれもシェーファーさんのおかげで、今でも深く感謝しています。彼女と出会わなければ、私のドイツ語は役立たずのままだったでしょう。

一方で、彼女との勉強は思わぬ余波を引き起こしました。ドイツに来たある日本人ランナーが「日本でこんなうわさが流れてるぞ」というのです。「横溝は練習もしないで、ドイツの若い女性にうつつを抜かしているらしい」「いったい、ドイツまで何をしに行ったんだ」…。

うわさを知って嫌な気持ちになりましたが、現実にリハビリの日々で、練習すらできないのですから、批判されても仕方がないか、とも思いました。私は与えられた使命を再認識し、一日も早く回復するよう治療に全力を尽くしました。

2年余の留学を終えて帰国後。シェーファーさんから一度、手紙が来ました。結婚してオーストリアのインスブルックに住むという知らせでした。

独留学で学んだこと

およそ半年間に及ぶ、左ひざの治療とリハビリを終えて、1963年秋ごろ、練習を再開しました。しかし、長距離ランナーの復活には時間がかかります。練習を再開して、すぐ元の状態（力）に戻れるわけではありません。これは短距離走者も同じですが、長距離ランナーはさらに時間がかかります。長い距離の走り込みを重ねる以外に復活の道はありません。

少しずつ調子が戻ってきた翌64年（東京五輪開催の年）のいつごろだったか、日本陸上競技連盟（陸連）から「横溝君は東京五輪の3000メートル障害、森本君は800メートルの日本代表に選ばれたので帰国せよ」という連絡がありました。2人が帰国したのは五輪開幕2カ月前の64年8月でした。

私たちがマインツ大学にやって来たのが62年4月ですから、2年4カ月の留学でした。ここで、そのまとめをしようと思います。

全てが、かけがえのない体験でした。強く印象に残り、その後の指導者としての現在に至るまで影響を受けたのがマインツ大学のベルノー・ウイッシュマン教授の教えです。

とりわけ、食生活に関する先生の考えは新鮮でした。どんな食材がどのような養分になり、肉体を作り、筋肉を作るか。栄養管理と摂生によって得た内臓の強さが、いかに長距離レース終盤における粘りを生むか。長距離走者に必要な、弾力のある筋肉をどう鍛えるか。そのためめに、日ごろの努力と摂生がいかに大切か。それまで日本では教えられなかった数々の指摘は、まさに〝目からうろこ〟でした。

マインツ大学から徒歩15分ほどのゴンゼンハイムの森でジョグ。左から私、ドイツの800メートルランナー、森本君、須田さん

精神的にも強くなったと思います。自然環境や生活習慣の違い、言葉の壁など不自由や困難は多々あり、ストレスがたまりました。その度に、私たちをドイツに派遣してくれた陸連やリッカーミシンに感謝し、期待に応えようという使命感で乗り切ることができました。

左ひざのけがは長いブランクを作りましたが、大切なことを学びました。挫折を乗り越え、辛抱して努力を続ければ道は必ず開ける。たとえ、記録が伸びなくても、勝てなくても、努力したという事実は残る。努力の跡には、勝者も敗者もない。その経験は競技から退いた後の人生でも、きっと役に立つ――。ドイツで得た信念は今も変わらず、折に触れて、東京国際大学駅伝部の学生に語って聞かせます。

スポーツから離れますが、ドイツの人たちがモノを大切にすることにも感銘を受けました。連載の第28回で紹介したマクセル・ロビー君は、曽祖父が少年時代にはいていた革製の半ズボンと、同じく愛用していた腕時計を、身に着けていました。下宿先のあるじ、ツィンマーマンさんは伝来の家具を磨き上げ、それらは渋い光沢を放っていました。

モノを大切にする心。使い捨ての時代に生きる日本の若者には、なかなか伝わりにくいようです。

留学で力はついたか

2年余の留学中に、ドイツ選手権の3000メートル障害、5000メートルで優勝しました。少しずつ力はついていましたが、世界の一流選手と比べると、まだ差がありました。当時のドイツには強力な長距離走者がおらず、私が必死に競うようなライバルが身近にいませんでした。その点で、やりがいがあったのはドイツ国外での大会出場です。

例えば、当時のベルギーに3000メートル障害のガストン・ローランツというランナーがいました。1962年のヨーロッパ選手権で優勝し、63年には世界新記録を作り、64年東京五輪では優勝候補の最右翼と目されていました。私は留学中に何度か彼と競い、仲良くなりました。3000メートル障害だけでなく、5000メートルでも戦い、私が勝ったこともあります。

先走りますが、東京五輪でローランツと再会しました。結局、私は3000メートル障害で予選落ちし、優勝したのはローランツでした。留学中に日々、彼と切磋琢磨《せっさたくま》できたら、と思ったこともあります。いや、「たら」「れば」はやめましょう。

正直なところ、私は自分の競技力のピークはローマ五輪（60年）の時期だったとみています。中央大学3年の頃です。世界陸上選手権大会とユニバーシアード（学生の国際競技大会）の5000メートルで2位に入り、心身ともに充実していました。しかし、予算など諸事情から、ローマ五輪の長距離選手派遣はマラソンだけに絞られ、私は五輪出場の機会を逸しました。人生の〝巡り合わせ〟を感じます。

マインツ大学のグラウンドで調整する森本君(左)と私。見守るのはウイッシュマン先生(左端)と鴨下さん(その右)

「記録は伸びたが、世界の一流選手とはまだ差があった」と書きましたが、「留学前に考えていたより、力がつかなかった」というのが実情です。けがによるブランクの影響はありましたが、要するに私の努力不足と言わざるを得ません。

私が東京五輪で一番走りたかったのは5000メートルです。長距離ランナーとしては、スピードに自信がありました。しかし、「五輪参加標準記録」を突破できず、代表になれませんでした。5000メートルの代表に選ばれたのは中央大学の後輩、岩下察男君（旭化成）。結局、私が標準記録を突破できたのは3000メートル障害でした。

前にも書きましたが、3000メートル障害という競技では91・4センチのハードルを28回、最深部約70センチの水濠を7回、跳び越えます。これは足腰に大きな負荷がかかります。私は身長が低かったので、長身の選手より強い衝撃を足腰に受けていました。それが私のけがにつながり、ひいては選手生命を短くしたようです。

さて、私と森本君は64年8月に帰国しました。2年4カ月ぶりの日本。その間、私と森本君は一度も日本に戻っていません。私はホームシックと無縁でしたが、森君はそうではありませんでした。異国の食べ物があまり口に合わなかったことが、一因かもしれません。

いずれにしても、初めて日本で開かれる五輪が2カ月後に迫っていました。

東京五輪で予選敗退

1964年10月10日。素晴らしい秋晴れの下、東京五輪が開幕しました。日本の宿願だった五輪開催。24日まで15日間にわたって、世界のトップアスリートたちが技と力を競いました。私は3000メートル障害の日本代表に選ばれました。一緒にドイツに留学した森本葵君は800メートルの代表。所属するリッカーミシンからは、私と森本君を含めて計10人が代表になりました。

五輪はアスリートなら誰もが夢見る大舞台ですから、私も出場が決まって、とても感激しました。ただ、前回触れましたが、正直なことを言えば、4年前のローマ五輪に出たかった。その頃が、私の競技力の総合的なピークだったのです。

代表になってからは、伊豆大島で合宿がありました。そこで練習した仲間の中に、円谷幸吉君がいます。彼は1万メートルの代表で、後にマラソンも走ることになりました。

伊豆大島以外では、母校・中央大学の練馬グラウンド、リッカー立川工場近くの立川市営グラウンドで調整しました。他国の出場選手のタイムなどのデータを集め、研究しました。

私は3000メートル障害の決勝に進む決意でした。予選は通るだろう、と考えていました。レースの日が近づくと、徐々に緊張と使命感が高まりました。なんとしても決勝に進んで、旧知のガストン・ローランツ（ベルギー）と勝負したい。彼は優勝候補の最右翼に挙げられていました。

いよいよ予選レースの日。スタートラインに立った時の気持ちを、よく覚えていません。普段のレースなら、周囲を見渡す余裕があるのですが、やはり初めての大舞台に立って、平常心でいられなかったのかもしれません。左ひざの不安も、払拭されたわけではありま

東京五輪で私が着たユニホーム。クリーニングに出して大切に保管していたが、虫食いのためか一部に穴が開いてしまった

せんでした。

結局、私は決勝に進めず、予選敗退。せめて決勝に残っていなければならない立場ですから、申し訳なさと恥ずかしさで身の縮む思いでした。私の読みが甘かったのです。力不足､実力の差でした。

箱根駅伝の大ブレーキと五輪の予選敗退を同列に語ることには異論があるかもしれませんが、敗北で受けた衝撃という点では、チーム競技である駅伝の方がつらかったというのが本音です。3000メートル障害決勝を制したのは、前評判通り、ローランツでした。

同僚の森本君は不運でした。急性肝炎にかかってしまったのです。黄疸《おうだん》になり、一時は五輪出場が危ぶまれました。しかし、頑張って準決勝まで進み、6位。決勝進出は果たせず、レース後、病院に緊急搬送されました。ベストコンディションなら、間違いなく表彰台に立てた逸材なので、本当に気の毒でした。

東京五輪の時、私は24歳。その先を考えました。結論は「現役を続けるが、専門を駅伝に絞る」。やはり、3000メートル障害ではひざが不安でした。当時のリッカーミシンは、駅伝でも強豪でした。

円谷幸吉選手の悲劇

1964年の東京五輪で忘れられないのが、円谷幸吉選手の栄光と悲劇です。マラソン3位で銅メダル。これは東京五輪の陸上競技で日本が得た唯一のメダルでした。さらに1万メートルでも入賞（6位）し、一躍、国民的ヒーローになりました。

しかし、4年後の68年1月、メキシコ五輪開催の年に、彼は自ら命を絶ちます。「幸吉は、もうすっかり疲れ切ってしまって走れません」というご両親に宛てた遺書は、国民に衝撃を与えました。東京五輪を見据えて彼と一緒に練習し、合宿した私も大きなショックを受けました。

円谷選手は福島県出身で、私より一つ年下でした。東京五輪当時は自衛隊体育学校に所属する傍ら、中央大学経済学部（夜間部）の学生でもありました。同窓の後輩だったのです。合宿以外では、彼が中大の練馬グラウンドに来たり、私が自衛隊朝霞駐屯地のグラウンドに行ったりして、切磋琢磨した仲でした。

彼を知る多くの方が、彼の人柄について同じことを言っています。礼儀正しく、まじめで責任感が強い――。私も同感です。

例えば、五輪代表選手が集まった伊豆大島の合宿。彼はグラウンドや宿舎で年上の選手や役員に会うと、直立不動で敬礼しました。宿舎で先輩の部屋を訪ねる時は、ノックの後、「入れ」と言われるまでドアの外で不動の姿勢をとっていました。彼の部屋の掃除や整頓ぶりは、他の人と比較にならないほど徹底していました。もう少し気持ちに余裕を持っていれば…と思いますが、生来の性質だったのでしょう。

その象徴が、マラソンのラスト1周でした。あのレースをテレビ観戦した方は、きっとご記憶でしょう。最初にトラックに現れたのはアベベ（エチオピア）。世界最高記録で五輪マラソン2連覇を成し遂げました。約4分遅れて円谷選手。その後をヒートリー（英国）が猛追してきます。

この時、円谷選手は、ひたひたと近づくヒートリーに気付かないようでした。「男は後ろを振り向いてはいけない」という父親の教えを、きまじめに守ったと言われています。トラックに入った時、一瞬でも振り向いてヒートリーの位置を確認していれば、なんらかのギアチェンジができたでしょう。でも、それをしなかったのが円谷幸吉という人間なのです。ヒートリーは、ゴール直前で円谷選手を抜きました。

「次のメキシコ五輪でアベベに勝ちます」と国民に〝約束〟した責任と重圧、持病の椎間板ヘルニアに加えて両脚アキレス腱《けん》の手術と入院、自身の結婚問題を巡るあれこれ。追い詰められた彼は自衛隊体育学校宿舎の自室で、かみそりを頸《けい》動脈に当てました。

どんなにつらく、寂しく、苦しかったでしょう。遺書の最後は「幸吉は父母上様の側で暮らしとうございました」という言葉だったそうです。享年27。同世代のランナーの突然の死に、私は言葉を失いました。

リッカーとスポーツ

1964年の東京五輪が終わり、私はリッカーミシン社員としての生活に戻りました。仕事と陸上部での活動が両輪です。ここで、リッカーミシンとスポーツについてご紹介します。

39年設立の日本殖産工業が、リッカーミシンの前身です。創業者は平木信二社長。48年に東京都立川市でミシンの生産を始め、翌年、社名をリッカーミシンとしました（73年、リッカーに変更）。

平木社長は、企業スポーツにも力を入れました。それを平木社長に勧めたのは箱根駅伝で活躍し、その後、日本陸上競技連盟（陸連）の専務理事を務めた佐藤昇さん。中央大学OBです。私は中大の学生時代、佐藤さんの紹介で平木社長にお会いし、「卒業したら、うちに来ないか」と誘われました。

私が入社した頃のリッカーミシン陸上部には、一流選手が顔をそろえていました。その中から、10人が東京五輪代表に選ばれました。

男子は私（3000メートル障害）と森本葵（800メートル）の他に、金子宗平（円盤投げ）、高柳慧（走り幅跳び）、菅原武男（ハンマー投げ）。女子は依田郁子（80メートルハードル）、横山弘子（円盤投げ）、佐藤弘子（やり投げ）、小保内聖子（砲丸投げ）、井口任子（400メートルリレー）。立川工場で行われた五輪壮行会はそれは盛大なものでした。

実業団の駅伝大会で走る

リッカーミシンの硬式野球部も、社会人野球界の強豪でした。プロ野球に進んだ人も、たくさんいます。有名なのは、大洋ホエールズ（現・横浜DeNAベイスターズ）の左打ち外野手として活躍した長田幸雄さん。5試合連続本塁打を放つなど、豪快なバッティングと愛嬌《あいきょう》のある顔で〝ポパイ〟と呼ばれ、ファンに愛されました。ホエールズ在籍は61～76年。また、83年度のドラフト会議で阪神から1位指名されて入団した中西清起投手も、リッカー出身です。阪神一筋（84～96年）のクローザーとして人気を博しました。現在は野球評論家として活躍中です。

さて、私は練馬区の独身寮から有楽町の

リッカーミシン本社に通勤しました。寮は会社が借り上げたアパートで陸上部員専用。6畳1間、まかない付きです。

所属はミシンを輸出する外国部。私は東南アジアの担当でした。午前9時始業。当初は午後3時まで仕事をして、あとは陸上競技の練習です。

陸上部の監督は吉岡隆徳さん。32年のロサンゼルス五輪100メートルで決勝に残り、東洋人初の6位入賞を果たしました。35年には10秒3の世界タイ記録を樹立。〝暁の超特急〟の呼称を持つ伝説のスプリンターです。

といっても、私は3000メートル障害、5000メートル、駅伝が専門ですから、吉岡さんに直接教えてもらえることはありませんでした。私は中大の練馬グラウンドに出向いて、中大陸上競技部の西内文夫監督の指導を受けていました。

「俺の時代終わった」

私がリッカーミシンにいた1960年代、他の実業団陸上チームでは八幡製鉄、旭化成、大昭和製紙などが強く、全国実業団駅伝選手権大会などでしのぎを削っていました。私には、会社の理解と支援でドイツに2年余り留学させてもらった恩があります。恩に報いなければという思いで、練習に取り組みました。

一方で、ミシンを輸出する外国部の仕事は忙しさを増していきました。輸入国と売買契約を結び、通商産業省（現・経済産業省）の許可を取り、銀行とLC（信用状）決済の手続きをし、東南アジア仕様のミシン製造を立川工場の生産ラインに組み込み、ミシンを輸出する船会社と契約を結び、横浜港や神戸港で船積みの現場に立ち会うこともありました。時には同僚と会社に泊まり込み、かつて銀座にあった入浴レジャー施設「東京温泉」で体を洗ってから出社することもありました。

会社の独身寮（練馬区）を出て、京急蒲田駅近くの魚屋さんの2階に下宿したのは、やはり仕事のためでした。東南アジアの取引相手の送り迎えは羽田空港だったので、京急蒲田が便利だったのです。

仕事上のさまざまな書類は英文。語学が得意ではないので苦労しましたが、同僚が助けてくれました。英文のサンプルを研究して「パターン」を覚え、少しずつ慣れていきました。

という具合ですから、陸上競技の練習をする時間が徐々に削られていきました。折に触れて、考えるようになりました。「このままでは、仕事と陸上競技のどちらも中途半端になっ

外国部で。そばにミシンがある

てしまう」「いずれ、走れなくなる時が来る」「競技から離れてからの人生の方が長いのだ」

競技の点でも、一つの節目がありました。東京五輪の翌65年10月、岐阜県で開かれた第20回国民体育大会。3000メートル障害に出場した私は、中央大学の後輩で八幡製鉄に進んだ猿渡武嗣君に負けました。彼は東京五輪代表で、68年のメキシコ五輪にも出場した名選手ですが、残念なことに39歳の若さで急逝しました。

猿渡君に破れたことで「俺の時代は終わった」と実感しました。陸上競技は後輩に託して、社会人として仕事に専念すべきだろう。では、リッカーで仕事を続けるか、独立するか。といっても、俺は何をしたいのか…。将来の設計図がおいそれと描ける訳もなく、漠然と「スポーツ用品店を経営したい」などと考えていました。

71年12月、リッカーミシンの創業者である平木信二社長が亡くなりました。リッカーミシンの陸上部と硬式野球部を育て、私に入社を勧めてくれた恩人です。ここでも、一つの時代の終わりを感じました。私は翌72年、リッカーミシンを退社しました。入社以来、10年が過ぎていました。

73年に社名を「リッカー」と変更した同社は、84年に事実上倒産しました。私は、複雑な気持ちで、そのニュースを読みました。

横高時代からの蓄え

32歳でリッカーミシンを退社したものの、次の仕事は決まっていません。当面をしのぐ蓄えは、少々ありました。「蓄え」については、話を高校時代に戻さなくてはなりません。

横浜高校陸上競技部顧問の植木富士弥先生について何度か触れました。恩師は、私が競技会で遠征に出る前、全校生徒から寄付を募りました。インターハイや全国高校駅伝などに出場するための交通費や宿泊費などは自前ですが、特待生だった私の家は貧しく、遠征費用を工面できません。

植木先生の呼びかけに応えて、多くの先生や学友が寄付してくれました。植木先生は、その余剰金の一部を私名義で貯金していました。私はそうとは知らず、卒業間際に、初めてそのことを聞かされました。

中央大学入学も特待生。アルバイトで収入を得ても、生活費を切り詰め、できる限り貯金しました。リッカーミシンに就職して収入は安定しましたが、私の「蓄え」の基礎は、植木先生と多くの方からいただいた善意なのでした。

さて、ある時。旧知の丸ノ内ホテル支配人から連絡がありました。中大の先輩で、私は大学生の時にこのホテルでアルバイトをしていました。あいさつ状の宛名書きなどです。

久しぶりに会った先輩は「ぶらぶらしているらしいな。そろそろ結婚したらどうだ」と話し始めました。「いい娘さんがいるんだよ」と紹介されたのが安納千賀子さん。父親はやはり中大OBで、棒高跳びの元選手でした。

見合いを断る理由もなく、宇都宮市にある安納さん宅に1人で伺いました。迎えてくれたのは千賀子さんと母親。父親は所用で留守でした。母親がお茶を出してくれたのですが、夏の暑い日で、いつも通りの自分を見てもらおうと、私はビールを所望しました。リッカー時代は酒席が多く、お酒はかなり飲めるようになっていました。ビール2本を飲み干すと、母親と千賀子さんがキッチンで「随分、お酒を飲む人みたいね」と話すのが聞こえました。

千賀子さんとの交際が始まり、1年足らずのうちに結婚。私は33歳、彼女は7歳下でした。

披露宴は丸ノ内ホテルで。来賓は日本陸上競技連盟（陸連）幹部の青木半治さん（後に会長）をはじめ、200人ほど。植木先生や、私を「走る世界」に導いた関根忠則さんも列席してくれました。司

横浜高校陸上競技部ＯＢ会懇親会。前から２列目、左から４人目が植木先生。残念ながら私は出席できなかった＝2008年

会はＮＨＫの名アナウンサー、北出清五郎さん。北出さんも大学の先輩で、私が横浜高校1年の時、インターハイ５０００メートルで5位に入ったレースのラジオの実況放送をした方です。

披露宴の司会を頼んでくれたのは、北出さんと組んで箱根駅伝の解説をしていた関東学生陸上競技連盟の菅沼俊哉会長。後に私は菅沼さんの後を継いで、北出アナと放送車に乗り込み、箱根駅伝の解説をすることになります。

スポーツ用具の営業

１９７３年、現在も住んでいる横浜市南区の家で新婚所帯の生活が始まりました。独身時代に住宅金融公庫から融資を受けて建てた平屋です。後に3人の子どもができ、彼らの成長につれて2階を載せました。

さて、無職でしたから、仕事を探さなければなりません。かねて「スポーツ用具の店を経営したい」という気持ちがありましたので、スポーツ用具を扱う総合問屋の大手、ゼネラルサクライに入りました。

私は東京都台東区蔵前の本社に勤めましたが、ゼロからのスタートと覚悟していました。

ヒットユニオン時代の私（中央）。同社の田辺輝幸社長（左）と交友のあったプロ野球の大投手、金田正一さん（右）が展示会に来てくれた

元五輪選手だからといって、会社も特別扱いはしません。一から勉強のつもりで、仕事に熱中しました。商品に値札を付ける、地味な作業は徹夜になることもありました。

同社には8年勤務し、最後は営業部長の肩書でした。その間、一度だけ「元五輪選手」の顔を使ったことがあります。取引があった横浜髙島屋から「横溝さんの写真展をやりたい」と提案されたのです。私がハマっ子で、横浜高校OBという点もあったのでしょう。当初はお断りしたのですが、ぜひにと頼まれ、スポーツ用具売り場の一角に写真展のコーナーを設けてもらいました。

ゼネラルサクライで学んだのは「人との出会い」の大切さです。多くの人が「私が持っていないもの」を持っていました。それは考え方であり、価値観であり、感性です。それは、私にとって貴重な発見でした。出会いは人生を豊かにし、人を育てます。人から学ぼうとする謙虚な姿勢は、時代が変わっても大切ではないでしょうか。

ゼネラルサクライの後、ヒットユニオンというスポーツウエアの一流メーカーに移りました。同社の本社は大阪にあり、私は東京都墨田区石原の東京支店に勤務しました。

入社のきっかけは、ある機会に「ヒットユニオンスポーツ教室」という企画を同社の社長に提案したことでした。子どもから大人まで、男女を問わず、スポーツの楽しさを知ってもらうために、一流アスリートを招いて指導してもらう──。このアイデアが採用され、私は同社入社後、「走り方教室」を開きました。私は長距離ランナーでしたから、短距離については旧知のランナーに協力してもらいました。さまざまな競技で開いた教室は成功し、時には2千人を超す人を集めました。

スポーツ用具メーカーの成否は、アスリートに「自社製品を使ってもらう」ことです。ヒットユニオンのウエアを着てくれた一つが、横浜市港北区に本拠を置く松下通信工業（現・パナソニック）の陸上競技部でした。といっても、まだ正式な「部」ではなく、同好会。やがて「うちの長距離部門を見てほしい」という話が持ち上がりました。いろいろ考えて、週1回程度なら、と引き受けました。それが、将来にわたって同部と深く関わることになるきっかけでした。

松下通信のコーチに

ヒットユニオンで働いていた40代の私に、取引先の松下通信工業（現・パナソニック）から「長距離ランナーの指導をしてくれないか」と依頼がありました。

私が会った人事課長によると、具体的には女子駅伝チームの育成でした。といっても、チームはまだ正式な「部」ではなく、信友会という同好会のようなもの。信友会の「信」は社名の「通信」から取っていて、社内にはいくつも信友会があるとのことでした。

育成といっても、会社として「全日本実業団女子駅伝（正式には全日本実業団対抗女子駅伝競走大会）で上位を目指す」というような明確な目標を掲げているわけではありません。私は「女性が多い会社全体の活性化」が主たる目的らしいと受け取りました。

私がリッカーミシンを退社する時点で「スポーツ用具を扱う店を経営したい」と考えていたことは既に触れました。ゼネラルサクライとヒットユニオンで働いたのは、いわば、

人生の転機を振り返る

そのための布石でした。

しかし、二つの会社で現場をつぶさに見ていると、小売店という立場が経営的に大変厳しいという現実を突き付けられました。スポーツ用具店の経営に不安を覚えました。「夢は甘かったか」と考え始めた時期に、松下通信から誘いが来たのです。当時、小学生の長女が体調を崩して入院していました。私は毎週木曜日に会社を休み、午前中に通院。午後は時間が空くので、それを使えば週1回、松下を見られるだろうと判断しました。

私が預かった信友会駅伝メンバーは10人弱で、たすきをつなぐのにギリギリの数。狭い更衣室はぼろぼろで床が抜け、裸電球が一つついていました。練習は午後5時から。グラウンドは野球部と共用でしたので、トラック用にラインを引いて変形の一周３００メートルコースを作りました。グラウンドそばのマンションの2部屋を借りて「寮」にしていました。

そういう環境ですから、強い選手はなかなか集まりません。週1度だけ指導する私には、スカウトに走り回る余裕はありません。コーチの私を助けるスタッフもいませんでした。高校の陸上部監督や部長は「松下さんは陸上にあまり熱を入れていないから」と、強い生徒を送り込んではくれません。結果、信友会は個々も、チームとしても大変弱い集団でした。

目標とする大会はありました。全日本実業団女子駅伝です。その第1回は1981年、男子との同時開催でした。83年からは女子単独の大会になり、岐阜市周辺で行われました。現在の会場は宮城県で「クイーンズ駅伝in宮城」が公式愛称になっています。

私が信友会のコーチになった当時は、例年岐阜開催。岐阜は信友会メンバーにとって目指すべき地ではありましたが、まだそこで他チームと競い合うだけの実力はありませんでした。

松下通信に入社する

松下通信工業（現・パナソニック）の女子長距離選手の指導を始めて3年ほどたった頃

でしょうか。潮目が変わりました。新たに着任した人事部長が私を呼んで、こう言いました。

「信友会の女子陸上を正式な『部』に格上げして、本格的な強化に乗り出したい。当面、全日本実業団女子駅伝で上位を狙えるレベルに持っていく。ついては、わが社に入社して新生チームの監督をお願いしたいのですが」

ちょうど、リッカーミシン退社時に考えていた「スポーツ用具店の経営」に不安を覚えていた時期でした。熟慮の結果、私はヒットユニオンを退社して松下に入る決心をしました。

こうして1987年、松下通信女子陸

松下通信女子陸上競技部初期の選手とスタッフ。前列右端が千葉コーチ、後列右から2人目が私

上競技部（現・パナソニック女子陸上競技部、愛称「パナソニックエンジェルス」）が船出しました。私は人事部厚生課に所属し、午後5時まで仕事をして、その後、女子選手の指導に当たりました。選手たちも各職場で午後5時まで仕事をしてから、グラウンドに集まります。

いつでも、どんな会社でも新しい仕事を覚えるのは大変ですが、私はリッカー勤務10年間で鍛えられたこともあり、さほど苦労はしませんでした。

さらに私はコーチを招くことを進言し、会社の承諾を得ました。コーチの人選を頼んだのは実業団チーム・日清食品の白水《しろうず》昭興監督。リッカー出身で、私と懇意にしていました。こういうところでも、人脈に助けられました。千葉政明コーチが就任し、体制が着々と整っていきました。

チームの合言葉は「岐阜（全日本実業団女子駅伝の会場）に出るぞ」。私の指導は厳しくなりました。一人でも練習開始時間に遅れると、チーム練習ができません。遅刻者を待っている時間が、もったいない。「そんなに忙しいなら職場に戻れ！」と怒鳴ったこともあります。職場の上司が謝りに来ました。少しずつ周囲の理解が進みました。

コーチがいるおかげで、スカウトにも力を入れるようになりました。近隣の都道府県に出かけ、陸上競技会を視察して「これは」という高校生を発掘する。私が今、東京国際大学駅伝部総監督としてやっているスカウトの原点が松下でした。

その点でも、人脈が生きました。例えば、以前に紹介した布上正之さん。3000メートル障害の元日本記録保持者で、私は布上さんに憧れて彼の母校・中央大学に進学しました。当時、布上夫妻は夫人の実家がある北海道に住んでいました。夫人は元80メートルハードルの日本トップクラスの選手です。彼女は、地元大学の女子陸上競技部監督をしていました。

私の相談が布上夫人に伝わり、やがて夫人は教え子の2人の長距離走者を松下に送り込んでくれました。初の大学卒ランナーの採用でした。

「部」になって3年ほどして、私も選手も「仕事は午後3時まで。その後は練習」が認められました。

中国人選手の獲得へ

ランナーをスカウトするに当たって私が注視するのは、選手の走力だけではありません。競技会のメイン会場で行われる正規のレースには地元陸上競技連盟の役員、他校の陸上競技部員や学校関係者、時には取材記者やカメラマンらの目が注がれています。当然、選手は緊張していて、隙を見せる余裕はありません。

しかし、練習用のサブグラウンドでは選手たちの様子は違います。彼らは緊張することもなく、普段通りに部員同士でふざけ合い、一挙一動があけっぴろげで〝地〟を出します。注目されていないので、つい隙が出ます。マナーは、どうか。競技に向き合う姿勢は、どうか。それらを総合的に判断して、選手の〝今〟だけでなく、〝伸びしろ〟を見極めます。もちろん、最終的には直接、話し合って意見交換をします。ご両親とも話をします。互いに組織の将来と選手生命がかかっているので、真剣勝負です。この過程は、東京国際大学駅伝部総監督としてスカウトのために各地を回っている今でも変わりません。

話を松下通信女子陸上競技部時代のスカウトに戻しましょう。これまで多くのランナーを発掘し、育ててきましたが、特に印象に残っているのは、ある中国人選手の獲得です。そこには、横浜国際女子駅伝が大きく関わっています。

横浜国際女子駅伝は日本の女子長距離・マラソン選手の育成と国際親善を目的に、1983年に第1回が行われました（2009年まで）。各国の代表チームと日本代表チーム、日本の各地域選抜チームなどが参加して、当初は横浜スタジアムをスタート・ゴールにす

第１回横浜国際女子駅伝で横浜スタジアムをスタートする各国選手＝1983年３月20日

る6区間、42・195キロのコースで行われました。

第1回優勝はソビエト連邦（当時）、第2回は英国、第3回はソビエト連邦。日本代表チームは90年の第8回大会で初めて優勝しました。

私は一時期、地元・神奈川選抜チームの監督を務めていました。その頃、頭角を現してきたのが中国だったのです。私は「駅伝を強くするには、日本人選手だけにこだわる時代ではない」と考えていました。

私が目をつけたのは中国チームの王華《おうか》碧《へき》選手です。横浜国際女子駅伝に6度出場し、89年には、あのイングリッド・クリスチャンセン（ノルウェー）に勝ったのですから驚きました。クリスチャンセンは80年代を代表する名ランナー。5000メートル、1万メートル、マラソンの3種目で世界記録を樹立しました。王選手はまだ荒削りでしたが、とにかく強い。私は何とかして彼女を松下に入れたいと考えました。

ちなみに、実業団、大学、高校を含めて、今や外国人選手は珍しくありませんが、最初に彼らの獲得に動いたのは松下通信だったと思います。

たまたま松下通信が中国に進出し、北京に事務所を開いた前後の時期でした。私は社の了解を得て、王選手に会うために中国に向かいました。

中国で王選手を勧誘

横浜国際女子駅伝で王華碧選手の強さを目の当たりにした私は1989年、彼女をスカウトするために中国に飛びました。

私には「目玉になる選手が一人でもいれば、メディアの目が向き、チームの知名度が上がる。スカウトにも好結果が期待できる」という戦略がありました。「その選手は、必ずしも日本人でなくても良い」と考えていました。

王選手は雲南省・昭通地方の出身で、中学時代から注目されていたそうです。共産党の地区体育委員会が省内のあらゆる競技の有力選手を省都・昆明市に集めて強化しており、王選手は、中国期待の高校生でした。

体育委員を介して彼女に会い、私は「君の走りを、この目で見た。ぜひ、君を日本に連れていって、一緒に頑張りたい」と訴えました。熱いまなざしで聞いていた彼女は「高校を卒業したら、日本で走りたい」と、はっきり答えました。同席した委員は、私が中国まで来た理由を知っているので、話はスムーズに進みました。移籍についての手続きなどは、今後、双方で詰めることになり、私は彼女の両親にあいさつするため、昆明市から自動車で6時間かかる山奥まで出向きました。

朗報を持って帰国した私は、松下通信の女子陸上部に王選手を迎え入れる準備を進めました。王選手や現地委員会とのやりとりは電話と手紙ですが、ある時期から連絡が取れなくなりました。電話は不通で、手紙も着いたのかどうか、何の返事もありません。やきもきしているうちに、事情が判明してきました。天安門事件の影響でした。

同年4月から6月にかけて、民主化を求める多くの学生・市民・労働者が北京市の天安門広場に集結。これら10万人ともいわれた群衆に対して人民解放軍が戦車を投入して鎮圧

雲南省・昭通にある王選手の母校の中学校で王選手（中央）と私（左）。彼女の背後には〝先輩〟の活躍を記したパネルが

に乗り出し、多くの死傷者を出しました。民主化を求めるデモは、全国の都市に波及しました。

王選手と連絡がつくようになったのは90年に入ってから。高校を卒業して来日が実現したのはその年の10月でした。「日本で走りたい」という彼女の熱意は、困難に遭っても揺らぎませんでした。

王選手は、それまで何度も来日し、横浜国際女子駅伝などに出場していましたが、本格的に日本に住むとなると、ことは簡単ではありません。まず、日本の食事、習慣、文化などに慣れてもらわなくてはなりません。そこで力を借りたのが、旧知の〝村長さん〟です。

横浜国際女子駅伝には各国のランナーが集まります。外国人選手は、まとまってホテルに宿泊します。彼女たちをもてなし、面倒を見るリーダーは〝村長さん〟と呼ばれました。私は〝村長〟経験を持つ高校教師、安成轍郎《やすなりてつろう》さんに王選手を託しました。彼は横浜市陸上競技協会の理事でもありました。

王選手は横浜市戸塚区にある安成さん宅の2階を借りて、新しい生活を始めることになりました。

王華碧選手の大活躍

1990年に松下通信（現・パナソニック）女子陸上部の一員となった王華碧選手は、安成轍郎先生の自宅に下宿して日本語を覚え、日本の風習や文化に慣れていきました。会社での所属は人事部厚生課、つまり私の部下ですが、1年間は仕事を免除されて練習に専念しました。彼女の加入によって、部員11人は強い刺激を受けました。

その頃、日本の女子陸上長距離界は高橋尚子選手らが台頭し、レベルアップしていました。その中で王選手は日本のトップ5に入るくらいの位置にいました。これに、先に紹介した大学卒ランナー2人を加えて、松下通信のチーム力は格段に向上しました。

王選手は期待にたがわず入社してすぐ、90年12月の全日本実業団女子駅伝で2区を快走。区間新記録で14人抜きを成し遂げ、前年19位だったチームは12位に食い込みました。その〝王効果〟は、スカウトにも現れました。高校陸上競技部の監督らの対応が変わり、「松下は女子長距離の強化に本腰を入れ始めた」と言われるようになりました。その結果、優秀な選手、将来性のある選手を積極的に送り込んでくれました。

松下通信のエースとして駅伝を走る王選手

典型が、後に私がスカウトしてパナソニックに入った吉川美香選手でしょう。彼女は神奈川県立荏田高校出身で、２００８年の横浜国際女子駅伝日本代表チームのアンカーを務めました。12年ロンドン五輪の１万メートル代表に選ばれ、新谷仁美、福士加代子選手らと決勝に進みました。

ちなみに、現在のパナソニック女子陸上競技部（愛称・パナソニックエンジェルス）のキャプテン・

ワンジク選手と私

森田詩織選手と、その双子の姉、森田香織選手も荏田高校出身です。

王選手に続いて、私は2人目の中国人ランナーを松下通信に招きました。しかし、彼女は日本になじめず、2年足らずで帰国してしまいました。

次に私が出向いたのは、アフリカのケニアです。3人目の外国人選手、ジェーン・ワンジクさんの獲得に乗り出しました。彼女もまた横浜国際女子駅伝で来浜し、私はその走りに注目しました。

ワンジク選手と私の間を取り持ってくれたのはステファン・マヤカ君。駅伝ファンはご記憶でしょう、山梨学院大学のエースとして1990年代に箱根駅伝などで大活躍した選手です。彼のコーディネートで私はケニアに滞在し、ワンジク選手の移籍に成功しました。彼女は2000年代のパナソニックで頑張ってくれましたが、数年で離日しました。全てのスカウトが、王選手のように成功するわけではありません。

余談ですがマヤカ君は日本国籍を取得し、今は桜美林大学陸上競技部駅伝監督・真也加ステファンとして箱根を目指しています。

当時、日本の陸上競技界では外国人選手の起用に制限がありませんでした。後にその人数が増え、比重が重くなると、出場選手の数など枠が設けられるようになりました。

世界制した「馬軍団」

中国というと、忘れられないのが馬軍団、日本では「マー軍団」と称された陸上チームです。女子中・長距離選手を育てて、次々に世界記録を塗り替えたコーチ・馬俊仁《ばしゅんにん》。中国では彼が率いるチームを「馬家軍《ばかぐん》」と呼んでいました。

馬俊仁さんが最初に注目されたのは1993年。中国の全国大会で、彼の指導を受けた曲雲霞、王軍霞が女子中・長距離の世界記録を打ち立てました。馬さん自身は陸上競技の経験がないのですが、一躍、彼の指導方法が世界陸上界の注目を集めました。日に40キロ以上という過酷な走り込みと、徹底した食事管理。特に彼が作る独特な飲食物に、選手を強くする要素があるのではないかと推察されましたが、実体はベールに包まれていました。

97年には馬軍団の新たな女性2人が、相次いで5000メートルの世界記録を更新。しかし、その後、ドーピング疑惑が持ち上がって2000年のシドニー五輪に馬軍団の選手は出場できず、馬さんは失意のうちに第一線を去りました。このシドニー五輪では、マラソンの高橋尚子選手が日本女子陸上界初の金メダルという快挙を成し遂げました。

馬軍団の特徴の一つに挙げられるのが、高地トレーニングです。標高2000メートルを超す雲南省昆明市の山地に選手を合宿させました。実は私も、高地トレーニングに関心を持っていました。そのきっかけになったのは、1968年のメキシコ五輪です。

メキシコ五輪は標高2300メートルのメキシコ市で開かれ、高地トレーニングを積んだ君原健二選手がマラソンで銀メダルを獲得しました。君原選手とは64年東京五輪に向けての合宿などで一緒に練習した仲でしたから、彼の帰国後、高地トレーニングについて話を聞きに行きました。

彼によると、メキシコ五輪の本番前に5回、メキシコ市で練習できたことが大きいといいます。それによって酸素の薄い環境に慣れ、持久力に必要な「最大酸素摂取量」が増え

過酷な練習と選手管理で知られた馬俊仁コーチ(左)だが〝猛将〟のイメージはなかった＝1994年

た。高地トレーニングの効果が、確かにあったということです。ただし、彼は著書で「私だけが特別扱いされた結果」とも述懐しています。

以来、私は松下通信チームに高地トレーニングさせたいと思っていましたが、そのチャンスはなかなか巡ってきませんでした。

時が流れ、王華碧選手のスカウト成功（90年）によって事態が動きました。彼女の加入で松下通信のチーム力が格段に上がり、チームに対する会社の評価も上がりました。そこで思い付いたのが、馬軍団です。彼らの本拠地は雲南省昆明市の山地。高校生だった王選手が、体育委員会の指導で特訓していた場所です。私は、中国遠征と高地トレーニングを会社に申請しました。

94年2月、私は王選手をはじめとする松下通信女子陸上競技部のメンバーとともに、昆明市に乗り込みました。最大の目的は、馬軍団の強さの秘密を探ることでした。

馬軍団の秘密を探る

世界を驚かせた馬軍団のコーチ・馬俊仁さんは1944年、旧満州（中国東北部）の奉天生まれ。師範学校を卒業して、中学校の先生になりました。自身に陸上競技の経験はありませんが、持ち前の研究心で陸上競技指導者として徐々に頭角を現します。

88年に遼寧省運動科学技術学院のコーチに就任。93年、全国運動大会で教え子の曲雲霞、王軍霞選手が女子中・長距離で驚異的な世界記録を出し、一躍、世界陸上界の注目を集めました。

94年2月、私と王華碧選手ら松下通信女子陸上競技部チームは、雲南省の省都・昆明の市心部から遠く離れた山奥に入りました。そこで馬軍団が長期練習しており、私たちは彼らの近くで合宿することになったのです。標高2000メートル以上。馬コーチは各地から優秀な人材を集め、高地トレーニングを重ねていました。

私の中国遠征の最大の目的は馬軍団の強さの秘密、そのカギを見つけることです。馬コーチは世界の陸上界から注目されているので、常に取材記者やカメラマンに囲まれています。そんな中で、馬コーチは私たちを歓迎してくれました。

早速、私は彼らの練習を見ましたが、特別なことはしていないようです。数日見ても選手のアップ（ウオーミングアップ）、心肺に負荷をかけるインターバル練習、ダウン（クールダウン）の方法など日本と大差はありません。

ところが、絶対に見せてくれないものがありました。馬軍団選手の食事です。選手たちが口にする全てが門外不出でした。「馬軍団の秘密兵器は、馬コーチが自ら作る飲み物にあるらしい」と言われていました。世界の陸上競技関係者やメディアがいくら探っても、そこだけは秘密のカーテンで囲われていました。ある夜、私はひそかに彼らの宿舎のごみ箱を調べましたが、手掛かりはつかめませんでした。

私たちの当地滞在は1週間。短期間でも、選手たちが高地トレーニングを体感したことはチームにとって大きな収穫でしたが、軍団の秘密を解くカギは見つけられませんでした。

それでも興味深い〝お土産〟がありました。私は馬コーチと現地体育委員会の許可を得

昆明市の合宿地で馬俊仁コーチ(左)と私＝1994年２月

て、馬軍団の選手1人を松下通信チームに招くことになりました。彼女は馬コーチが将来を期待する長距離ランナーでした。

しかし、来日後の彼女は、なぜか徐々に精彩を欠いて行きました。1年もたたずに帰国。去って行く彼女の後ろ姿を見て、私は「やはり馬コーチの特製ドリンク剤がないとだめなのかな」と思いました。

馬軍団には、常に疑惑の目が向けられていました。一方で、馬コーチが作った特製ドリンク剤は中国で商品化され、彼は財を成したと言われました。やがてドーピング疑惑が浮上して、2000年のシドニー五輪に馬軍団の選手は出場できませんでした。彼は一貫して疑惑を否定しています。

雲南省と松下の交流

ここで時間を少しさかのぼります。1990年、王華碧選手が松下通信女子陸上競技部に加入してチーム力は格段に上がりました。強力な同僚は強力なライバルでもあります。「うかうかしていると、駅伝のメンバーから外されるかもしれない」という緊張感はメンバーに刺激を与え、さらなる努力を促しました。

王選手の来日から2年ほどたった頃、私は会社に雲南省体育委員会との交流を進言しました。この委員会には王選手の獲得に当たって私が訪中した際に大変お世話になり、事務長の張俊さんとはその後もパイプがつながっていました。

当時、雲南省の女子長距離選手は強力でした。私は松下チームと雲南省チームが交流することによって松下の強化を図り、さらに、王選手に続く才能を雲南省から発掘できれば、と考えました。会社は私の提案を受け入れてくれました。体育委員会との交渉の結果、1年ごとに選手を派遣することになりました。

最初の年は、松下チームが雲南省昆明市に入りました。メンバーは王選手を含む選手と、私とコーチらスタッフ、計十数人。昆明は、高校生時代の王選手が委員会の指導で特訓を受けた場所です。また、馬軍団の高地トレーニングでも知られた〝聖地〟でもありました。

張さんが率先して私たちの世話を焼いてくれました。

中国を訪れて実感したのですが、皆、よくたばこを吸います。初対面のあいさつ代わりに、たばこを1本差し出すのが礼儀らしいのです。しかし、私は「運動選手の体に良くないことはしない」主義ですから、たばこを吸いません。丁寧にお断りしましたが、実はこのたばこが重要な意味を持っていました。国家的プロジェクトとして選手の育成・強化をするには、多額の費用がかかり、国費だけでなく、スポンサーが必要になります。後で知ったのですが雲南省ではそれがたばこの専売公社で、体育委員会に多額の寄付をしていたのです。

広大な唐さんのお宅で。左から唐さん、王選手、1人置いて私。右端は張さん

合宿中に体育委員会が開いてくれた歓迎会で、張さんが私に最初に紹介してくれたのは雲南省の専売公社重役、唐永明さんでした。唐さんも誠心誠意、私たちを歓待し、こまごまと気を配ってくれました。張さん、唐さん、私たちは急速に親しくなりました。

ある日、唐さんが私と王華碧選手らを自宅に招いてくれました。昆明市内から40キロほど離れた所にある家は、驚くような広さでした。唐さんによると「土地は6000坪くらい（約2万平方メートル）」。「白髪三千丈」と表現するお国柄ですから、何事もスケールが大きい。

そこに何棟もの住居やゲストハウスと、専用のプールと釣り堀がありました。4頭のシェパードが庭を走り回り、牛、豚、鶏を多数飼育していました。中国ですから、動産も不動産も個人所有ではありません。「あなたに1部屋あげよう」と言われましたが、これも丁重にお断りしました。

昆明からコロラドへ

1987年に創部され、私が監督を務めた松下通信女子陸上競技部は2003年にパナソニックモバイル女子陸上競技部、05年にパナソニック女子陸上競技部と名称を変えながら、力を付けていきました。強化策の一環であった中国・雲南省体育委員会との交流は、1990年代から10年ほど続きました。

交流1年目は松下通信チームが中国に遠征。翌年、体育委員会が構成したチームを日本に迎えました。一行は選手と体育委員会事務長の張俊さんら十数人。体育委員会のスポンサーである専売公社の重役、唐永明さんも同行していました。

彼らは約1週間の滞在の間に日本国内の競技会に出場し、あるいは松下チームと合同練習しました。前年の昆明での熱烈歓迎のお返しに、私たちも精いっぱいもてなしました。その誠意が張さん、唐さんらを感激させ、友情はさらに深まりました。国家間、あるいは政治レベルでどんなにあつれきがあっても、スポーツや文化を通じた民間交流の道を閉ざしてはいけないと痛感しました。

しかしながら昆明の交通・道路事情の変化によって、その往来には終止符が打たれました。

私たちのトレーニング方法は、主にトラックとロードに分けられます。トラックではスピードを磨き、ロードでは持久力を養う。ロード練習は早朝、時には周囲が薄暗い中を走ります。ある時期から昆明では電気自動車（EV）とバイクが増えました。EVはあまり走行音がしないので、ランナーは後ろから来る自動車に気が付きにくい。加えて道路と車道の区別が明確でなく、車と接触する危険が高まりました。マンホールのふたの盗難も危険でした。突然、目の前にマンホールの穴があって、落ちそうになった選手もいました。

さらに高地トレーニングの期間の問題も出てきました。私たちの昆明滞在期間は約1週間。選手は、酸素が薄いためすぐ苦しくなり、平地と全く違う環境に慣れるだけで終わってしまいます。本格的に高地で選手を鍛えるためには短くても1カ月は必要だろう、という考えに至りました。

私たちは新しい高地トレーニングの場を

米国のボルダーで合宿するメンバー。左端が私

米国に求めました。コロラド州のボルダー。この都市は標高1600メートル超、ロッキー山脈のふもとにあり、早くから高地トレーニングが行われていました。マラソンの高橋尚子選手や有森裕子選手が合宿したことでも知られています。続いて、ニューメキシコ州のアルバカーキにも拠点を設けました。そこに専用の合宿所を建て、1年を通じてトレーニングできるようにしました。

昆明合宿はなくなりましたが、私と張さん、唐さんとの個人的な交流は続いています。直近では4年前に、松下からスズキに移って今は静岡・浜松で暮らす王華碧選手と一緒に昆明を訪ねました。それ以後、コロナ禍で行き来できませんが、一日も早く彼らの笑顔が見られるように祈っています。

〝学生3大駅伝〟とは

ここまで松下通信時代の話が続きましたが、11月に入っていよいよ駅伝シーズンが本格化してきたので、私が箱根駅伝の解説者をしていた頃に焦点を移します。

駅伝といえば10月の出雲駅伝、11月の全日本大学駅伝を経て、正月のクライマックス、箱根駅伝へ。これらを〝学生3大駅伝〟と呼ぶ人もいます。

出雲駅伝の正式名称は「出雲全日本大学選抜駅伝競走」。島根県出雲市の出雲大社から出雲ドーム前まで全6区間、45・1キロを走ります。3大駅伝の皮切りですが、区間距離は最短5・8キロ、最長10・2キロと短く、スピード勝負。私が総監督を務める東京国際大（東国大）は昨年初出場、初優勝という結果を出して注目されました。今年は10月10日に行われて駒沢大学が優勝、東国大は8位でした。

全日本大学駅伝は正式には「全日本大学駅伝対校選手権大会」。名古屋市の熱田神宮から三重県伊勢市の伊勢神宮まで、8区間106・8キロのコースで行われます。区間距離は最短9・5キロ、最長19・7キロ。昨年は駒沢大学が優勝し、東国大は5位。今年（11月6日）も優勝は駒沢大学。東国大は11位で、来年のシード権を得られませんでした。

そして学生駅伝の頂点は年明けの箱根駅伝（東京箱根間往復大学駅伝競走）です。なぜ、頂点なのか。2023年が第99回という駅伝最古の歴史を持つこと、箱根の山上りを含む10区間217・1キロという学生駅伝最長コースであること、瀬古利彦・大迫傑選手ら多くの名選手を輩出したこと―などがその理由に挙げられるでしょう。

箱根駅伝は、今や国民的イベント。テレビ中継は毎年、高視聴率を上げ、シーズンが近づくと関連本が書店に並び、駅伝人気は各大学の受験者数に影響を及ぼすともいわれてい

出雲全日本大学選抜駅伝で初出場優勝を果たし、記念写真に納まる東京国際大の選手らと大志田秀次監督（左端）＝2021年10月10日、出雲ドーム

ます。

当初、箱根駅伝の中継はラジオだけでした。記念すべきNHKの最初の中継は1953（昭和28）年1月4日、第29回大会の初日。NHKは前年から準備を始めました。しかし、移動放送の電波が届く距離が極めて短く、実現までに多くの困難があり、試行錯誤を重ねました。

第1回の中継車に乗ったのは伝説の名アナウンサー、志村正順さん、解説は菅沼俊哉さん。菅沼さんは32年に慶応大学が箱根で初優勝した時の選手で、当時は共同通信の記者でした。

寒風吹きすさぶ真冬の箱根路の中継は、命懸けだったようです。放送車は現在の小型車程度の大きさで、屋根に木枠で放送席を設けました。箱根路はカーブが多く、運転手がハンドルを切り、ブレーキを踏むたびに、志村アナは車から落ちないように体を木枠に縛り付けて踏ん張ったそうです。「こんなに恐ろしくて、寒い中継は初めて」と語った志村アナは、翌年から北出清五郎アナにバトンタッチしました。

後に私は北出アナと組んで、箱根駅伝中継の解説をすることになります。

初の箱根解説で失敗

私が初めてNHKラジオの放送車に乗り、箱根駅伝の解説をしたのは1978年、第54回大会でした。

その前年、NHKのプロデューサーから突然、電話がありました。「駅伝の放送車に乗って、解説をしてほしい」という依頼です。「放送車は3台あり、先頭グループを担当するのが第1放送車、第2グループは第2放送車、そして横溝さんに乗っていただく第3放送車。当然、首位争いが目玉なので、第3放送車は、そんなに出番はありません」

当時、私はスポーツ用具を扱う総合問屋の大手、ゼネラルサクライに勤めていました。私は「年に1度だし、第3放送車なら、ま、いいか」くらいに考えて、その場で了承しました。

特に準備や事前取材もなく、当日に臨みました。ただ、「放送前に水分を取らないでください。放送車にはトイレがありませんし、生放送ですから」とだけは言われていました。後に分かったことですが、この「水分控えろ」も加減が難しい。水分を控え過ぎると、今度は口の中、喉が渇いて、しゃべりづらくなります。

私と組んだアナウンサーは若手でした。車が動き始めて、最初に感じたのは左右の感覚の違和感です。放送車のカメラは、基本的に選手の表情を正面からとらえます。その車に乗るアナウンサーと私は、進行方向に背を向け、走る選手を目の前に見て中継します。となると、選手の「右」は、私から見ると「左」。初心者は混乱します。例えば「新春の陽光を浴びた相模湾が左手に広がります」と言いたい場合、選手の左手なのか、確認しながらしゃべらなくてはなりません。

第1回放送での失敗は「名称」でした。ランナーが往路で品川を通過する時、私は目印になるホテルの名称を言ってしまいました。すぐ、放送席の下にある制御室から無線機を通して注意が来ました。「NHKの放送では、民間のホテルやビルなどの固有名詞を使わないでください。建物の特徴をしゃべるなら構いませんが」

ラジオ中継しかなかった頃の箱根駅伝。私が入学する２年前、中央大学の選手が横浜駅東口を走り抜ける＝1956年１月３日

その一言で、私の頭の中は真っ白になってしまいました。「固有名詞に注意、固有名詞に注意」ばかりが脳内を駆け巡り、アナウンサーの問いかけにすぐ反応できません。２人のやりとりのリズムが狂い、あたふたしているうちに往路を終えました。真冬なのに汗びっしょり。だからでしょうか、当日がどんな天候だったか覚えていません。

翌日、さえない気持ちで復路を終え、私の初体験は終わりました。ＮＨＫのスタッフと別れた後、「解説はもうやめた。もともと俺は、しゃべるのが得意じゃないんだ。次に話がきたら断ろう」と決めました。

その年の秋ごろ、ＮＨＫから「来年の箱根も、ラジオの解説を」という電話がありました。喉元過ぎれば、なんとやら。苦い体験と、あの決意をすっかり忘れて、私は「次はしっかり準備してやりますので、よろしくお願いします」と答えていました。

北出アナとの〝秘密〟

ＮＨＫラジオの箱根駅伝中継で解説を始めてから数年後、初めて第１放送車に乗り込みました。いよいよ、トップ争いの現場。ワクワクしました。アナウンサーは、スポーツ放送で名をはせていた北出清五郎さん。ユーモアを交えた当意即妙の表現力、豊かな語彙《ごい》、スピーディーな語り口。特に大相撲の実況は人気でした。

北出さんの数多い名中継の中で、最も有名なのは１９６４年、東京五輪の開会式でしょう。開口一番、こう言ったのです。「世界中の秋晴れを全部東京に持ってきてしまったような、素晴らしい秋日和でございます」

北出さんは中央大学の先輩でした。箱根の解説で私と組むことになると、「うちに遊びにおいでよ」と誘ってくれ、練馬区のお宅でごちそうになりました。お子さんがなく、家の中で大きなシェパードを放し飼いにしていました。

1960年代のＮＨＫ放送車

北出さんは、高校生時代の私を覚えていました。55年、山形県酒田市で行われたインターハイで、横浜高校1年の私は５０００メートルの決勝に進みました。４８００メートルまで先頭を走りましたが、最終的に5位。それでも、無名だった私の名前はラジオで連呼され、「横溝三郎」は広く知られるようになりました。その実況アナが、北出さんでした。数十年後に〝再会〟し、一緒に仕事をする——。何か不思議な縁を感じました。インターハイの話をすると、北出さんも感慨深げでした。

箱根駅伝の実況では、北出さんの綿密な取材に感心しました。積み上げたデータを臨機応変に駆使する判断力も見事でした。忘れられないエピソードを明かしましょう。もう時効だと思いますので。

北出さんと組んで数年後だったと思います。いつものように年末から水分を控えて体調を整えてきたのに、往路の藤沢まで来たところで、尿意を催してきました。それが、じわじわと強くなり、これはまずいと焦り始めました。

もぞもぞしている私に気付いた北出さんが、無線で「おしっこ?」と聞いてきます。私がうなずくと、北出さんの決断は速かった。私の我慢が限界と見たのでしょう、「僕もなんだよ」と言って車を止めさせ、第2、第3放送車に「トイレだ。しばらくつないでくれ」と頼み、2人で急いで車を下りました。

あいにく、周囲にトイレは見当たりません。申し訳なく思いながら、近くの民家の垣根を借りました。直後に、NHK本局に抗議の電話が来ました。「駅伝を中継している男が2人、うちの垣根で用を足した!」。復路が終わってすぐ、私とNHKの担当者が、手土産を持参して、そのお宅に謝罪に伺いました。ひたすら頭を下げると、先方は「わざわざ来てもらわなくても…」と恐縮してくれました。

あの時、窮地に立った私に「僕もなんだよ」と同調してくれたのは、きっと北出さんの優しさだったのだろうと思っています。

ラジオからテレビへ

ＮＨＫラジオで箱根駅伝中継の解説を始めた頃、やはり、周囲の反応が気になりました。そんな時、横浜高校時代の恩師で陸上競技部顧問だった植木富士弥先生から電話がかかってきました。「金子さんが『横溝君の解説は分かりやすくて、とてもいい』と褒めていたよ」と教えてくれたのです。

この金子さんとは、金子勝彦さん。横浜高校から中央大学法学部と、私と同じコースを歩んだ先輩で、毎日放送（ＭＢＳ）やテレビ東京（ＴＸ）のスポーツアナウンサーとして活躍しました。特にサッカーの実況とサッカー番組の司会を長く務めたことで知られています。その〝話術のプロ〟の感想ですから、たとえおせじでも、うれしかった。恩師、先輩というのは、何歳になっても、ありがたいものです。

ＮＨＫラジオでの箱根駅伝解説は１９７８年から87年まで務め、引き続き88年からは日本テレビで解説をしました。初めの２回は放送センターでの解説で、中継車には乗りません。放送センター解説の前任者は関根忠則さん。連載初期に何度も登場した、私を「走る」世界に導いてくれた日本体育大学の元エースランナーです。ここにも、不思議な縁がつながっていました。

日本テレビのスタジオ解説で中央が私。左は長く総合司会を務めた小川光明アナウンサー（中大ＯＢ）

放送センターでの仕事場はスタジオですから、顔にドーランを塗り、強烈なライトを浴び、数台のカメラに囲まれます。周囲にはディレクターやプロデューサーらスタッフがぎっしり。多くの人の視線が私に集中します。放送車とは違う、息苦しいような緊張感でした。放送車からの電波の都合などで、司会者から急に話を振られることがあり、どんなことにも対応できる事前の準備が必要でした。ただ、あの〝トイレ問題〟は解消されました。ＣＭの放送中に、用が足せるからです。

私は現場人間なので、やはり放送車に乗って選手と同じ風を感じ、呼吸や走る音を聞きながら解説したいというのが本音です。90年から第1放送車に乗りましたが、92年にまた放送センターに戻り、それからセンターと放送車を行き来して、最終的にテレビの解説は2006年まで続けました。後は中大の後輩・碓井哲雄君や早稲田大学OBの瀬古利彦君らが引き継いでくれました。

放送車、スタジオを問わず、取材は各校の監督に話を聞くことが軸になります。これが、なかなか難しい。監督の話がどこまで本心か、作戦かカムフラージュか分からない場合があります。私が中大OBなので、情報が中大に漏れるのではないかと危惧した監督もいたようです。

それに関連して、いつもあたふたさせられたのが、当日の選手変更です。登録メンバーの中で行われる、規則で認められたことなのですが、当初発表された選手の区間配置に〝当て馬〟がいるケースも多い。それは誰か―。虚々実々の駆け引きと思惑を見抜かなければなりません。この困難は、現在でも同様でしょう。

選手のブレーキに涙

私が解説したレースで、忘れられないシーンがいくつもあります。箱根駅伝は全ての区間が20キロ以上という過酷なコースですから、アクシデントが多発します。とりわけ、今でも語り草になっている二つの大ブレーキが衝撃でした。

一つは1991年の第67回大会、早稲田大学・櫛部静二選手。私は日本テレビの第1放送車に乗って先頭集団を見守っていました。

その年の早稲田のメンバーは強力で、1年生の櫛部、武井隆次、花田勝彦は〝早稲田三羽がらす〟と呼ばれていました。舞台は〝花の2区〟(鶴見~戸塚、当時は23・0キロ)、各校のエースがしのぎを削ります。櫛部選手はトップでたすきを受けました。前半でシューズのひもがほどけたものの、快調です。しかし、15キロを過ぎた頃から動きがぎこちなくなりました。

彼はそれまで、20キロ以上走ったことがありませんでした。未知の領域に入ると次第に体がふらつき、立ち止まって顔を覆い、倒れそうになりました。テレビカメラは、その映像を全国に流しました。走っては止まり、なんとか3区のランナーにたすきをつなぎましたが、早稲田は14位に転落しました。

私は彼の姿を眼前にし、言葉を失いました。かつての自分の姿が重なったのです。以前書いたように、私は中央大学2年の時に5区の〝山上り〟に挑み、首位の日大を追いなが

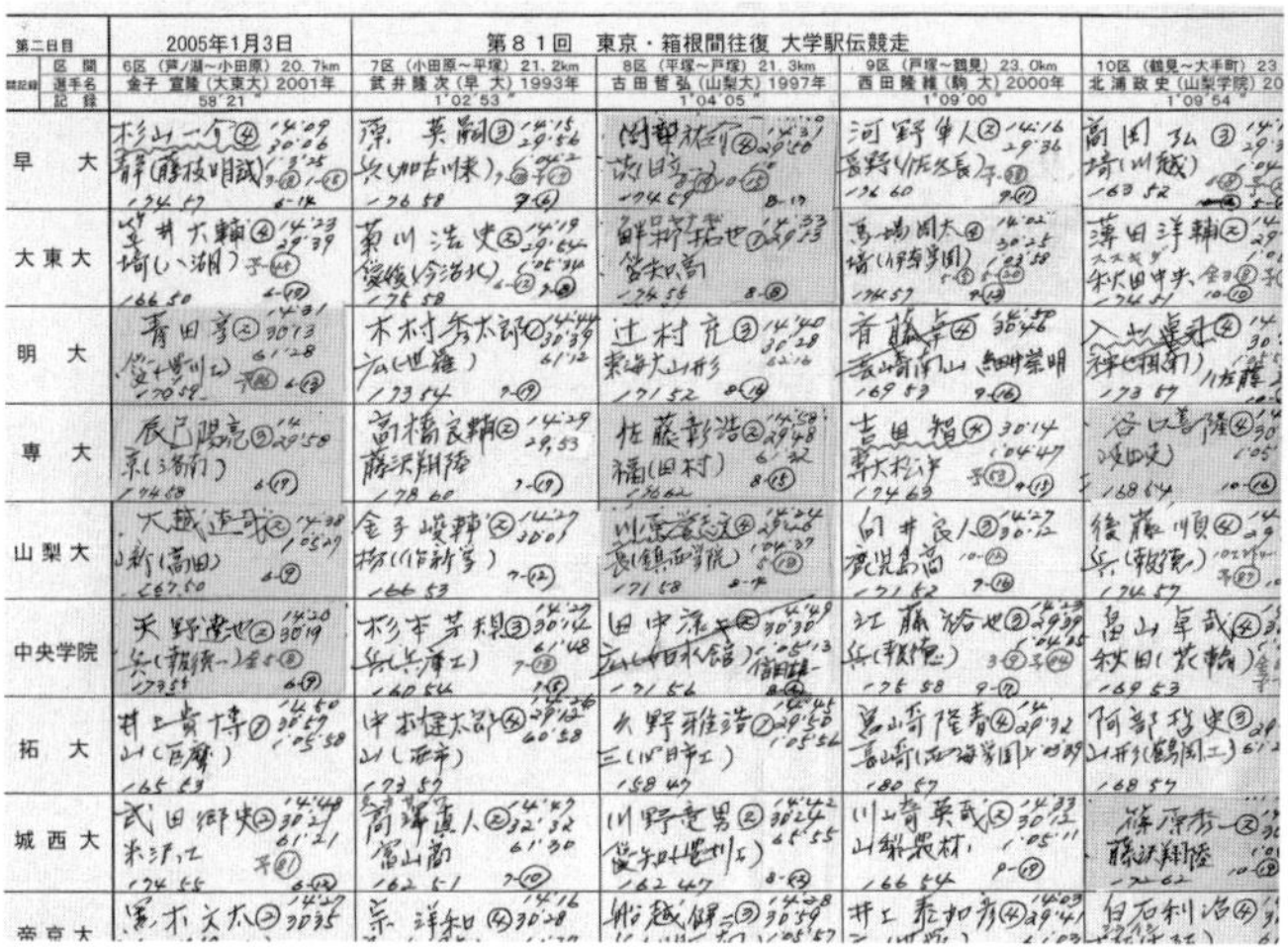

私の箱根駅伝取材メモ。各ランナーの特徴などを書き込んだ。急な選手変更があった所は切り貼りしてある（グレーの部分）

ら、大ブレーキを起こしました。意識がもうろうとして道路の側溝に落ちそうになり、とうとう歩いてしまいました。結局、区間8位でゴールに倒れ込みました。

解説者としては失格ですが、櫛部選手の姿に涙があふれ、思うようにしゃべれません。あの時、駅伝でなければ、私は走ることをやめていました。10人、いや出場できなかった陸上競技部員やマネジャーの魂がこもった「たすき」は、それほど重いのです。

もう1人は96年の第72回大会で4区（平塚～小田原、20・9キロ）を走った山梨学院大学3年の中村祐二選手。この時は、放送センターで中継映像を見て解説していました。

中村選手は1年で3区、2年で1区を担当し、ともに区間賞。山梨学院大の総合2連覇に貢献しました。マラソンで世界選手権に出場するなど、日本長距離界のエースになりました。そして大学3年の4区。本番2日前に右脚を痛めていました。痛み止めを注射して走り出して間もなく痛みに襲われて動けなくなり、後続のランナーに次々と抜かれました。上田誠仁監督が制止しようとしますが、中村選手は足を引きずりながら走ろうとします。審判長が中村選手にリタイアを勧めるに及んで、ついに棄権。12・4キロ過ぎで、山梨学院のたすきはつながりませんでした。

中村選手の心中を察しました。私が5区で中大の順位を大きく落とした後、本気で「芦ノ湖に飛び込んで死にたい」と思ったことが脳裏によみがえりました。

歴代最強の〝山の神〟

箱根駅伝の5区は、全10区間で最も過酷なコースです。小田原中継所からゴールの芦ノ湖まで20・8キロ（2017年から）、標高差約860メートル。その最大の難所で抜き出た力を発揮した選手は今、〝山の神〟と呼ばれます。

その言葉が登場したのは05年の第81回大会。順天堂大学の今井正人選手が11人抜きで区間賞を取りました。他校の選手が彼の強さに「あの人は別格。神様です」と言ったことから、メディアがそう表現したと伝えられています。以来、〝新・山の神〟（東洋大学・柏原竜二選手）、〝3代目・山の神〟（青山学院大学・神野大地選手）が現れました。05年から22年まで〝山の神〟は3人しかいません。そこで、私が見た限りで最強の〝山の神〟は誰か考えてみました。私は迷わず、ライバルだった日本大学の馬場孝選手を挙げます。彼の強さを語る前に、選手の環境の違いに触れてみます。

私が箱根駅伝を走った1959年から62年にかけて5区（山上り）、6区（山下り）といえば、まず雪が頭に浮かびます。除雪はしてくれますが、残った水分で路面は凍ってしまいます。防寒対策も重要で、おなかに新聞紙を巻き、ウエアに真綿を縫い付けたことも。新聞紙が汗でぬれると、走りながら外しました。今は地球温暖化で暖冬です。

食事は、粗末だった私たちの時代と比べて格段の差。シューズやウエアも科学的に研究され、軽くてスピードが出るシューズ、汗を効果的に吸い取り、保温や通気性に優れたウエアが次々に開発されています。

馬場選手は「おなかに新聞紙」の時代の選手で、58年の第34回大会で1年生ながら5区を走りました。「箱根駅伝70年史」（関東学生陸上競技連盟発行）には、こう書かれています。「上り坂に最も経済的なピッチ走法で飛ばし、横なぐりの強風と前方も見えない霧の中で1時間26分30秒という驚異的な区間新記録。2位中大に13分8秒の大差をつけて連続優勝をほぼ確実にした」

　翌年、私は中央大学1年で3区を走り、馬場選手はやはり5区を駆け上って区間2位の好記録を作りました。「70年史」は馬場選手のフォームを「上り坂に最も経済的なピッチ走法」と記しますが、私の印象では「地をはうような小刻みな走法」。馬場選手はトラックも強いが、山はもっと強い。「山上りのために生まれてきた男」でした。彼とは何度も競り合いましたが、だいたい私の負け。ゴール直前、胸の差で抜かれて2位になるのが常でした。

馬場選手（左）と私。彼を超える山上りランナーは今後も出ないのでは

さまざまな要因（区間距離も今の方が若干短い）で〝山の神〟の記録は馬場選手より優れていますが、私の中では〝山の神〟第1号は馬場選手。現代の〝山の神〟がタイムスリップして馬場さんと走れば、馬場さんが勝つでしょう。

馬場さんは日大卒業後、母校陸上競技部の監督を務めました。私とも長い交流でしたが、昨年、横浜市内の自宅で亡くなりました。83歳でした。

東京国際大の招へい

ここからは東京国際大学駅伝部の話に移ります。

2011年初頭、旧知の東沢《とうざわ》健二さんから電話がありました。東沢さんは帝京高校と日本大学でサッカー選手。卒業後、シューズメーカーに勤務しました。私が中央大学の長距離ランナーだった頃、特注のシューズを作ってもらったことから、付き合いが続いていました。電話をくれた当時、東沢さんは東国大サッカー部のスカウト担当。久しぶりの連絡の用件は「うちの理事長が駅伝をやりたいらしい。話を聞いてくれないか」ということでした。

東京都新宿区高田馬場にある同大法人本部に伺い、倉田信靖理事長・総長に会いました。

理事長は、すぐ本題に入りました。「駅伝部を作りたい。それを箱根に出られるようなチームにする。指導者はあなた以外に考えられない」。急な話で即答できませんでしたが、理事長の熱意はストレートに伝わってきました。「前向きに考えます」と答えて、初対面は終わりました。

東国大は「公徳心を体した真の国際人の養成」を建学の精神に、1965年に国際商科大学の名で創立されました（86年に改称）。倉田理事長は「『真の国際人』とは語学力に秀でただけの人材ではなく、民族、宗教、国境を全て俯瞰《ふかん》的に見られる見識を持ち、公徳心を体した、心身ともにバランスの取れた健全な社会人の育成」と説明しています。

その理念を具体化する重要な要素として位置付けられているのがスポーツ教育です。第1キャンパス、第2キャンパス（ともに埼玉県川越市）と並んで、同県坂戸市にある総合グラウンドが「坂戸キャンパス」と呼ばれ、その拠点です。面積は約17万平方メートル（東京ドーム4個分）で、最新の施設・設備を備えています。

2006年から始まった大学のスポーツ強化は「優れた選手は、優れた指導者の元に集まる」という考えに基づいて、一流の指導者を招くことから始まりました。一部を挙げますと、硬式野球部に古葉竹識（元プロ野球・広島カープ監督）、ウエイトリフティング部に三宅義信（東京、メキシコ五輪金メダリスト）、女子ソフトボール部に宇津木妙子（元日本代表チーム監督）、硬式庭球部に佐藤直子（全豪ダブルス準優勝）、サッカー部に前田秀樹（元日本代表）…。そうそうたる顔ぶれに大学の〝本気度〟がうかがえますが、私には招請に即答できない事情がありました。

まず、妻の介護です。パナソニック女子陸上競技部の指導をしながら既に3年余、自宅で病に伏せる妻の面倒を見ていました。精神的、体力的にきつい時期でした。東国大の話をすると、妻は初めは難色を示しました。

もう一つは、パナソニック女子陸上競技部です。当時71歳の私は監督を後進に譲り、顧問になっていましたが、週3～

2023年９月、東京・池袋に開設予定の東京国際大学池袋キャンパスのイメージ。学生約４千人のうち留学生が約100の国と地域、約２千人の構成を目指す（東京国際大学提供）

4回は指導していました。新たに大学の駅伝部を引き受けて、パナソニックと両立できるだろうか…。大きな節目でした。

予期せぬ理事長発言

東国大からの駅伝監督のオファーについて、横浜高校時代の恩師・植木富士弥先生に相談しました。先生は「やってみなさい」と私の背中を押し、いろいろな角度からアドバイスをくれました。70代になっていた私ですが、何歳になっても先生の教え子なのでした。

妻の介護に関しては、東国大の倉田信靖理事長・総長の計らいで、横浜市戸塚区の施設に入れることになりました。これは、とても助かりました。私の転身に乗り気ではなかった妻は、「あなたがやりたいようにして」と譲歩してくれました。

私は理事長に会い、正式に駅伝部創部に力を注ぎたい旨の返事をしました。理事長はうなずき、「さて、部の名称をどうしましょうか」と尋ねました。通常は陸上競技部を名乗ることが多いのですが、と答えると、理事長はきっぱり「単純明快に『駅伝部』でいきましょう」と言いました。当初から、そのつもりだったのでしょう。駅伝部に対する理事長の強い思い入れと覚悟を感じました。

スポーツ教育に力を注ぐ倉田信靖理事長・総長（東京国際大学提供）

周囲の人から、よく聞かれます。「ゼロからの出発という難題を、あなたはどうして引き受けるのか。苦労が目に見えているのに」と。振り返れば、松下通信女子陸上競技部も創部からの関わりでした。「ゼロから」は初めてではないのです。後に、松下通信時代の体験は東国大駅伝部を育てる上で、大変役に立ちました。例えば選手のスカウトで私が中国やケニアの選手に目を向けたことです。それについては後述します。

私を困難に立ち向かわせた最も大きな要因は、私に寄せられる「信頼」でした。理事長は「その任は、あなた以外に考えられない」と言ってくれました。それほどの信頼を受け、期待されていることに、男として、いや、人として、応えないわけにいかないと思ったのです。

理事長と話し合って、私はスカウトを含めて部全体をまとめる総監督に就き、選手の現場を取り仕切る監督には、中央大学の後輩でＨｏｎｄａ陸上競技部コーチの大志田秀次君を招くことになりました。私は当面、週4日を東国大に、残りをパナソニック女子陸上競技部に充てることにしました。

２０１1年4月に東国大駅伝部が創部され、それをメディアに発表する記者会見が行われました。理事長の話が終わって、旧知の記者（中大ＯＢ）が私に質問しました。「横溝さんご自身、よくご存じのように、箱根駅伝に出るというのは大変なことです。ゼロからのスタートですが、どれくらいの期間で実現できると考えていますか」。全く予期しない展開で、私は返答に窮しました。すると、理事長が割って入り、「5年で出ます！」と明言。理事長とは、事前に何の打ち合わせもありませんでした。

こうなっては、はらを決めるしかない。理事長が「やる」と断言するのに、私が「できません」とは言えません。生来の負けん気も手伝って、私は記者に「はい」と答えていました。

無名選手をスカウト

２０１１年４月、東国大駅伝部が創部されました。しかし、部員募集に応じてきたのは、たった１人。高校時代に野球部にいて「陸上も」やっていたというレベルの学生でした。もちろん、インターハイ出場などとは無縁。私が中央大学陸上競技部に入った頃、周囲にはインターハイ入賞の経歴を持つ新人がひしめいていました。

まず、駅伝チームを作れるくらいの選手を集めなければなりません。スカウトは総監督である私の任務です。これが最初の難関でした。箱根駅伝の常連校はどこも知名度が高く、それらが高校の有望選手を獲得しようとしのぎを削っています。欲しい選手は、おおむねどの大学も共通しますから「他大学より１歩でも早く」とアプローチします。

東国大は、駅伝では全く無名でした。歴史と伝統を持つ有名大学と互角に勝負できる要素がなく、なかなか成果を得られません。ある時、スカウトに苦戦していると倉田信靖理事長・総長に報告しました。しばらく考えていた理事長が言いました。「有名大学の網の目からこぼれても、全国には優秀な選手がまだいるはずです。もう一度各地を回って、今は無名の才能を発掘してください」

私は気を取り直して、情報を集め、あちこちの競技会に足を運びました。熊本に行った

ゼロからの船出をともにした大志田秀次監督（左）と。2022年11月６日に行われた全日本大学駅伝対校選手権大会のスタート地点、名古屋市の熱田神宮境内で

時、スタンドで見ていると、1人のランナーの走りが目を引きました。記録は全国レベルではありませんが、フォームがいい。うまく育てればチームの柱になる―。私はその選手が「関」という名前であることを確認してスタンドを降り、彼らしい後ろ姿を見つけて「関君！」と声をかけました。素直な印象の若者でした。彼の両親と顧問の先生がスタンドにいて、私はその人たちに来意を告げました。

関竜大。私の初期のスカウト活動の中で最も印象に残る選手です。長崎県立小浜高校を卒業して12年に入部。彼は順調に伸び、４年の時（16年）に主将として悲願の箱根出場を果たしました。卒業後は実業団チームで活躍しましたが、残念ながら自転車事故で選手生活にピリオドを打ちました。

今年10月の出雲全日本大学選抜駅伝競走（出雲駅伝）の際、広島に勤務していた関君が応援に来てくれました。久しぶりの再会です。東国大の成績はもう一つでしたが、関君の元気な姿に心が和みました。

少しずつ選手は増えましたが、走力も意識も低く、10キロ、20キロの距離をこなすことができません。中には、長距離走で距離をごまかす選手がいました。当時、私が東国大と並行して指導していたパナソニック女子陸上競技部の選手にかないませんでした。

大志田秀次監督と話をすると、悲観的になりがちでした。創部記者会見で理事長が明言した「5年で箱根駅伝出場」は、やはり無理かもしれない…。その不安を、負けじ魂で打ち払おうとする日々が続きました。

ダイヤの原石を探せ

「今、君の記録は突出しているわけではない。しかし、フォームがいい。きっと伸びる。君を、いつか日の丸を付けて走れるランナーにしたい」。東国大の倉田信靖理事長・総長の指示で、スカウトの視点を変えた私は、高校トップクラスの選手、つまりダイヤモンドではなく、その〝原石〟を発掘することに注力しました。代表例が、前回紹介した創部2年目に入部した関竜大君です。

そして徐々に増えた部員に、私はまず心構えを説きました。「本気で『箱根駅伝に出たい』『強くなりたい』と思うなら、そのために今、何をすべきかを自分でよく考えてほしい。その気がないなら、何のために駅伝部に入ったのか」。意識を覚醒させようとしました。

努力と節制しかない。分かり切ったことです。その真理を言うのは簡単ですが、継続するのは簡単ではありません。もう一つ、「並のことをしていたのでは、並で終わる。並を超えるには並以上の努力が必要だ」と訴えました。これは、私が横浜高校陸上競技部時代に得た教訓でした。「プラスα」の精神です。与えられた練習メニューをこなすだけなら、並。そこに「プラスα」してロードを走る、あるいはウエートトレーニングをする。

ちなみに、その精神を黙々と実践した1人が伊藤達彦君です。東国大駅伝部のエースとして箱根駅伝や全日本大学駅伝などで活躍、卒業後はＨｏｎｄａ陸上競技部に所属して1万メートルの日本歴代3位の記録を作りました。２０２1年開催の東京五輪、今年の世界選手権日本代表になったことは記憶に新しいところです。

さて、東国大で普段の練習を見ていて、私は調子が悪かったり、伸び悩んでいる選手に注意しています。できるだけグラウンドで声をかけ、話を聞きます。調子が悪いのは、どうしてか。体調に問題はないか。最近1週間、きちんと睡眠がとれているか。バランスのいい食事をしているか。体調の良しあしは、特に夏場にはストレートに影響します。難しいのは、体調は本人にしか分からない点です。レースに出たいために、本当のことを言わない学生もいます。意思の疎通が欠かせません。

東京国際大学が発行する「スポーツ施設＆強化クラブガイド」(2019年度版)の表紙。右端が伊藤達彦選手

私は他の競技と同様、駅伝部での指導は人間教育だと考えています。記録は一つの〝物差し〟に過ぎません。心身ともに成長することが大切です。強くなると、メディアを含めて注目されます。自然に、節制することを学びます。それまで扱いにくかった選手が、記録を伸ばすとともに人

の話を聞くようになる例を、私はいくつも見てきました。残念ながら逆のケースもあります。ちやほやされて〝てんぐ〟になり、足をすくわれる選手もいました。

現役時代より、競技から離れた後の人生の方が長いのです。人は1人では生きていけません。必ず、誰かのお世話になっています。だから、謙虚で人に好かれる人間になってほしい――。82歳の私の願いです。

予選会の天国と地獄

東国大駅伝部は、箱根駅伝出場を目指して2011年4月に創部されました。これまで新人獲得に関する話を書きましたが、ある程度部員が増えてくると、箱根駅伝に出場するための最初のハードル、予選会通過が当面の目標になりました。まず、予選会の仕組みを説明します。

箱根駅伝本戦の出場校は20校。そのうち、前年のレースで1位から10位までの10校にシード権、つまり次回出場権が与えられます。残る10校を選ぶのが予選会です。毎年10月の第3土曜日に東京都立川市内で行われ、今年は関東学生陸上競技連盟（関東学連）に加盟する43大学、計500人超のランナーが挑戦しました。その結果、立教大学が55年ぶりに箱

雨中のスタートとなった2015年の箱根駅伝予選会＝陸上自衛隊立川駐屯地

根への切符を手にして話題になりました。
このレースには、誰もが出場できるわけではありません。関東学連が設定した記録（1万メートルを34分以内）をクリアしていることが条件です。各大学のエントリーは14人以内、最多12人が出場できます。ハーフマラソン（21・0975キロメートル）の距離を走り、その大学の上位10人の合計タイムが少ない方から上位10校が箱根駅伝の出場権を得ます。
近年、箱根駅伝人気で、予選会の模様もテレビ中継されています。結果発表では、本戦と同じように笑顔と涙のドラマが繰り広げられます。特に10位と11位では〝天国と地獄〟。上位10人の合計タイムで、もし10位と11位の差が「数秒」であったら、11位のチームは泣いても泣き切れないでしょう。実際に、2007年の83回大会で本戦出場を決めた9位（当時は上位9校が本戦出場）の国士館大学と10位の拓殖大学の差はわずか「1秒」でした。

そういう激戦ですから、私は東国大が2015年に初めて予選会を突破して本戦出場を勝ち取った時、夢のようで、人目を避けて泣きました。その話は後に詳しくいたします。

箱根駅伝が始まった頃は、予選会はありませんでした。当時（第1回大会は1920年）は現在とは比較にならないほど大学の数が少なく、駅伝選手の層も薄かった。1校で10人以上の長距離ランナーをそろえるのは容易ではありませんでした。長距離専門だけでなく、関東学連に登録した競技者（中距離走者や競歩の選手など）の中から人数を補ってエントリーした例もあったようです。箱根駅伝に出場する大学はおおむね常連校に絞られ、予選会は必要ありませんでした。

予選会が始まったのは戦後すぐの46年。第23回大会出場を目指す10マイル（約1万6千メートル）レースでした。当初の規定では参加校全てが予選会に出場し、上位15校が本戦に出場することになっていましたが、第32回大会（56年）まで参加校は15校以下。予選会に出場した全校が本戦に出場しました。翌年、規定が変わってシード校の他に、予選会から本戦に出場できるのは上位5校とされ、さらに6校、9校となって現在の10校に至っています。

外国人選手が刺激に

2011年4月創部の東国大駅伝部は、その年10月に行われた箱根駅伝予選会には出場できませんでした。「1万メートルを34分以内で走る」という出場条件を満たすメンバーが足りなかったのです。

東国大駅伝部が初めて予選会のスタートラインに立ったのは翌12年。結果は21位でした(本戦に出場できるのは上位10校)。それでも毎年、少しずつ順位を上げて13年は17位、14年は13位までこぎつけました。あと一歩です。

その間、地道なスカウトの成果もあって新入部員が増え、部全体のレベルが上がりました。強いランナーが1人、2人と育ち、徐々に他校と競えるレベルに近づきました。

チーム強化で私が着目したのが、外国人選手です。伝統と知名度を持つ大学と比べ、新興大学はスカウト面で不利です。ならば日本人選手に限らず、人材を広く求めたらどうか。松下通信女子陸上競技部を指導していた時、中国やケニアに出向いて有望なランナーを探

東京国際大学発行「第94回箱根駅伝　熱闘の記録」の表紙。中段左がスタンレイ選手

した体験が生きました。

その考えを、まず倉田信靖理事長・総長に伝えました。理事長は答えました。「わが大学は東京『国際』大学です。民族、宗教、国境を俯瞰《ふかん》的に見られる見識を持った『真の国際人』の育成を目指しています。そういう教育理念からして、スポーツ面で優れた外国の人材を招き、日本の学生と切磋琢磨することは有意義でしょう」。快諾を得て、早速私は動き始めました。

といっても、具体的な心当たりがあったわけではありません。さまざまなつてをたどってエチオピアやケニアの選手を獲得しましたが、なかなか成績は上がりませんでした。私が松下通信時代にスカウトした王華碧選手（中国）やジェーン・ワンジク選手（ケニア）のような成功例は、むしろまれなのです。

そんな中で14年、ケニアからシテキ・スタンレイ選手がやって来ました。仲介者は前に紹介したケニア出身のステファン・マヤカ君。山梨学院大学の元エースランナーです。マヤカ君がケニアで見いだしたスタンレイ選手は逸材でした。素質に加えてハングリー精神とまじめさで努力を怠らず、入部以来着実に伸びていきました。やがて1万メートル28分台の記録を作り、東国大駅伝部でずぬけた存在になりました。他の部員は彼に強い刺激を受け、自己ベスト記録を更新する選手が続きました。その1人が、前に紹介した関竜大選手です。

15年10月、第92回箱根駅伝予選会を迎えます。4年生になった関選手がキャプテンを務め、スタンレイ選手は2年生になりました。このチームには、サラブレッドはいません。無名選手ばかりのいわば〝雑草集団〟ですが、以前よりたくましくなっていました。箱根駅伝出場まで、あと一息のところまで来ていました。

しかし、ライバル校も力をつけています。私は予選会突破の可能性を「50％」と踏んでいました。

ついに予選会を突破

２０１５年10月17日、土曜日、あいにくの雨。運命の日がやって来ました。第92回箱根駅伝予選会が東京都立川市の陸上自衛隊立川駐屯地から国営昭和記念公園まで約20キロのコースで行われました。参加選手は49大学の計５７７人。各校上位10人の合計タイムで争われます。箱根駅伝本戦に出場できるのは上位10校。前年、わが東国大は13位。10位の創価大学とは４分21秒の差がありました。

この日、まずスタンレイ選手（２年）が快調に飛ばして個人３位に入る健闘を見せました。関竜大主将（４年）も踏ん張って個人36位に食い込みました。鈴木大貴選手（３年）、濱登貴也選手（２年）は何とか二けた順位を確保。他の選手も食らいついて、東国大12人の選手が走り切りました。

いよいよ結果発表です。例年通り、時間がたつのが、とても遅く感じられます。選手や関係者をじらすかのように、ゆっくりと順位が読み上げられます。１位日本大学、２位帝京大学、３位日本体育大学、４位順天堂大学、５位神奈川大学、６位拓殖大学…。周囲で歓声を上げる大学、一方で沈痛な空気に包まれる大学。例年のように明暗が分かれます。

７位法政大学、８位中央大学、そして９位東京国際大学！　間違いなく、その名が読み

箱根駅伝出場を決めて喜びを爆発させる選手と拍手する倉田信靖理事長・総長（前列左から２人目）（東京国際大学提供）

上げられました。私と大志田秀次監督の母校・中大に続いて滑り込みました。10位上武大学と11位国士舘大学の差は、わずか10秒でした。

部員たちは一瞬信じられないように顔を見合わせ、すぐに歓喜と涙の輪ができました。みんな、誰彼かまわずに肩を抱き合っています。関選手は涙ながらに「夢を見ているようです。本当にありがとうございました」と私と監督に頭を下げました。彼は前年、ラスト５キロで失速して悔し涙を流しました。熊本のスタンドで高校生の関君を初めて見た日の記憶がよみがえり、私も感極まって涙があふれました。

私は朗報を倉田信靖理事長・総長に伝えるべく、理事長が待機している公園内の場所に急ぎました。理事長は私の顔を見ると、私が言葉を吐く前に満面の笑みで「おめでとう！」と握手の手を差し伸べました。あれっ、もう結果を知っているの？と疑問を抱きましたが、理由はすぐに分かりました。旧知の関東学生陸上競技連盟（関東学連）の幹部が、一足先に結果を理事長に伝えていたようです。

私がスカウトに行き詰まった時、理事長は「名門大学のスカウトからこぼれた才能を発掘してください」と発想の転換を勧めました。それを受けて各地を歩き、自分の目でその可能性を確かめ、招いた子どもたちが、今、大きな夢をかなえてくれました。

東国大駅伝部の創部記者会見がよみがえります。理事長が「5年で箱根駅伝に出ます！」と宣言した時の戸惑い。その〝約束〟を果たせたことに、私は胸をなでおろしました。

朗報は恩師に届かず

２０１５年10月、東国大駅伝部は、ついに箱根駅伝本戦への切符を手に入れました。しかし、その知らせを横浜高校時代の恩師・植木富士弥先生に届けることができませんでした。先生は13年7月18日、84年の生涯を閉じました。駅伝に例えれば、歓喜のたすきを渡そうにも、相手の姿は中継所にありませんでした。

先生の訃報は、横浜高校陸上競技部ＯＢ会の幹事が伝えてくれました。体調を崩し、入院して間もなくのことだったそうです。その電話で、私が先生の〝異変〟に気付いた頃を思い出していました。

亡くなる1年ほど前だったか。先生は県内で開かれた陸上競技大会に来てくれました。東国大選手も出場するので、私が誘ったのです。いつものようにスタンドで観戦し、昼食のお弁当を先生に渡したのですが、なぜか一口も食べません。見た目は普段と変わらない様子でしたが、食欲がないと言います。帰路、先生を車で自宅（横浜市西区）まで送り、妻の和子さんにそっとそれを伝えると、和子さんは「最近、そうなんですよ」と顔を曇らせました。間もなく先生は胃がんのため、入院したのです。

若き日の先生の姿が、脳裏によみがえります。先生は数学を教えていて、陸上競技を専門的にやった経験はありませんでした。それでも、陸上競技部の顧問として、専門書を読み、専門家の話を聞いて、いつも勉強していました。

家庭が貧しい私のために、ポケットマネーで陸上競技用のシューズを買ってくれ、度々ラーメンをごちそうしてくれました。私が優勝すると「今日は横溝にチャーシューを1枚増やしてもらおう」とうれしそうでした。

　1955年に山形県酒田市で行われた高校総体（インターハイ）は忘れることができません。1年生の私が出場した5000メートル決勝。当日朝、先生から電話があり、「スタートから行けるところまでトップを走れ。そうすれば、NHKのラジオ放送でおまえの名前が全国に伝わる」。私は4800メートルまで首位をキープしましたが、結局5位。それでも「横溝三郎」は全国的に知られるようになりました。帰郷した私に、先生は「作戦成功」とにんまりしていました。

　翌56年のインターハイ（高知市）の際、香川県の金刀比羅《ことひら》宮（金毘羅《こんぴら》さん）にお参

横浜高校陸上競技部顧問の植木先生（右端）と部員たち。前列右端が私

りし、土産店の娘さんが私に置物をプレゼントしてくれたエピソードは、先生の天衣無縫さが生んだ楽しい思い出です。

先生は長身で腕っぷしが強く、怖い印象でした。学校のワルたちも、先生には腰が引けていました。私もよく叱られましたが、必ずフォローしてくれました。その言葉は誠実で温かく、心に染みました。

先生が亡くなるまで、私は何かと相談を持ちかけました。私はずっと〝植木先生の教え子〟でした。

よく「走らせた」先生

植木富士弥先生は、酒やたばこをたしなみませんでした。私の知る限りでは、これといった趣味を聞いた記憶がありません。もしかしたら、先生は私たちを「走らせる」ことが趣味だったのかもしれません。

例えば、朝早く横須賀市の久里浜からフェリーで千葉県富津市の金谷に渡り、富津市内で駅伝の1区間を走る。再びフェリーで久里浜に戻り、午後は横須賀市内の駅伝大会に出場。翌日は横浜市内のロードレースに参加する…。先生は、時にそんなスケジュールを組みました。「ちょっとむちゃじゃないか」と思ったことを覚えています。

高校3年の時に別大マラソン（別府大分毎日マラソン）の10マイル（約1万6千メートル）部門に出場したのも先生の指示でした。私は実業団と大学の選手に勝って優勝しましたが、当時、高校生には1万メートル走が許されていなかったと思います。先生はそうと知りながら、あえて冒険に踏み切ったのではないでしょうか。先生には、そういう大胆なところもありました。

優しさと大胆さを併せ持っていた植木先生

何度か書いた山形県酒田市で行われたインターハイ5000メートル決勝での「とにかくトップを走って目立て」という檄《げき》も、別大マラソン10マイルレース出場も、私の名前を全国区にするための戦略だったのかもしれません。おかげで私は高校2年の時から、有名大学の陸上競技部や競走部の誘いを受けるようになりました。

別大マラソンのために横浜から別府まで、植木先生と夜行列車に乗った時のことです（私は新聞紙を床に敷いて眠りました）。翌朝、別府駅の改札を出る時、私が駅員さんに「横浜から来て別大マラソンに出ます。この切符を記念に欲しいのですが」と頼むと、黙ってうなずいてくれました。その切符の額面は確か730円か830円だったと思います。大切なものとして家のどこかにしまってあるはずですが、残念ながら探しても見つかりません。

先生は「走らせる」のも、走る選手を「見る」のも好きでした。もちろん、箱根駅伝のファン。私が中央大学に進んだ時は、中大の4連覇をとても喜んでくれました。箱根を走った先生の教え子は、私だけではありませんが。

私がラジオとテレビで箱根駅伝の解説をするようになると、毎年、自分の予想を一覧表にまとめて郵送してくれました。どの大学が強いか、選手層は、区間配置は、往路と復路のバランスは、区間新記録は出るか…。私はそれを参考にして解説の取材をし、準備を進めました。

私が東国大駅伝部総監督のオファーを受けた時、「やってみなさい」と背中を押してくれた先生。東国大の箱根駅伝本戦での予想をぜひ聞いてみたかった。

先日、先生の妻の和子さんと電話で話しました。和子さんは毎日、仏壇に向かって「わが人生」を読み上げているそうです。

東国大「箱根」を走る

２０１６年１月２日午前８時、東京・大手町。東国大駅伝部にとって歴史的な日が来ました。92回箱根駅伝のスタート。11年４月の創部以来、夢に見た晴れ舞台です。前回大会のシード校10校、予選会を勝ち抜いた東国大など10校、そしてオープン参加の関東学生連合チームを合わせた計21校が一路、箱根・芦ノ湖のゴールを目指します。東国大の目標はシード権獲得、10位以内。

前日、エントリーされた10区間、10人の選手と補欠選手は、自分が走る区間に近いホテルなどに宿泊します。数日前から私と大志田秀次監督は各選手と何度も体調、注意事項を確認しました。普段通りの選手もいれば、かなり緊張している選手もいます。緊張していればリラックスさせ、ハイになっていれば「焦るな」と落ち着かせます。「前半の入りは1キロ〇分くらいで行け」とペース配分を伝え、「選手が競り合って、だんご状態の時は選手同士の接触に気を付けろ」と注意します。

私の体験では、たすきを受け取った直後の選手は心理的に前のめりになって、先行する選手が視野に入っていると、どうしても前の選手を抜こうとします。それが「入り」のオーバーペースにつながり、後に失速の原因になりがちです。普段の走り込み（練習量）が十分なら「入り」のオーバーペースを何とか耐えられるのですが…。選手にペース配分をくどく言うのは、そのためです。自分が走っている時の方が、ずっと気楽でした。自分のことだけ考えていればよかったのですから。

選手がスタートすると、大志田監督は監督車に乗り込み、私はマイカーでコースを先回りして要所で通過する東国大の選手にタイムや順位を大声で伝えます。

東京・大手町のゴールに飛び込む東国大のアンカー小針旭人選手（４年）＝2016年１月３日

往路と復路、2日間にわたる激闘を終え、最終結果が発表されました。総合優勝は青山学院大学、10区間の合計10時間53分25秒。1区でトップに立って以後、1度も首位を譲らない完全優勝でした。前年に続く2連覇です。東国大は17位、11時間24分0秒。シード権に遠く及びませんでした。

本音を言えば、ほぼ想定していた順位でした。選手個々の持ちタイム（最高記録）と総合力からみて、順当な結果だったでしょう。選手は持てる力を発揮しました。しかし、優勝校とは総合タイムで30分35秒の差がありました。10人のランナーで平均すると、1人3分。気が遠くなるような差です。それが、大学駅伝の頂点にそびえる「箱根」の険しさなのです。

関竜大主将以下、駅伝部員全員が肌で感じたでしょう。「まだまだ走り込みが足りない」と。

シード権を逃した東国大は、同年10月の予選会に再挑戦しました。結果は15位。翌17年1月の93回箱根駅伝本戦に出ることはできません。私と大志田監督の母校・中央大学も予選会11位に沈み、それまで続いてきた87回連続出場の記録が途絶えました。

ビンセント選手登場

東国大駅伝部は２０１６年に宿願の箱根駅伝出場を果たしましたが、結果は総合17位。シード権獲得に遠く及ばず、同年10月の予選会で17年１月の本戦出場を目指すことになりました。

予選会を戦うとなると、選手のコンディション作りが難しくて苦労します。まず仕上がりのピークを予選会に持っていきますが、予選会で首尾良く10位以内に入ると、約２カ月後の本戦に再びピークを作らなければなりません。シード権を得れば、本戦１本に照準を合わせればよいのですが。

東国大駅伝部は16年の予選会で10位以内に入れず、17年の本戦に出られませんでした。その後盛り返して18年と19年に本戦に出場し、18年は総合17位、19年は15位に入りました。そして20年の本戦で一気に5位に躍進、ついにシード権を手にしました。飛躍の原動力になったのが伊藤達彦選手（４年）と新加入のビンセント・イエゴン選手です。

伊藤選手は2年次からチームの主力になり、19年の日本学生ハーフマラソンで3位入賞、ユニバーシアードのハーフマラソンでも3位で銅メダルを獲得しました。そして20年の箱根駅伝本戦。伊藤選手は２区を走り、各校のエースと激しく競り合い、２区歴代３位の記

2022年の箱根駅伝メンバーと倉田信靖理事長・総長(前列中央)、大志田秀次監督(その左)、私(同右)。後列右端がビンセント選手＝2021年12月撮影(東京国際大学提供)

録で13位で受け取ったたすきを8位で次につないだのです。大学卒業後は日本長距離界を代表する選手の1人になり、2021年の東京五輪、今年の世界陸上日本代表に選ばれたことは前述の通りです。

そしてビンセント選手。ケニア出身で、19年に東国大に入学しました。その年10月の箱根駅伝予選会で初めてハーフマラソンに挑戦し、全体3位の好記録でチームを本戦に導きました。

彼の箱根駅伝デビューは鮮烈でした。2区の伊藤選手から8位でたすきを受け11キロ過ぎで首位に立ち、後は独走。従来の区間記録を2分01秒も上回る59分25秒の驚異的な区間新記録を作ったのです。これが、シード権獲得の大きな要因になりました。

ビンセント選手はケニアのチェビルベルク高校出身で、地元の陸上クラブで走っていました。東国大駅伝部の中村勇太コーチが、ケニアのランナーと日本陸上界の橋渡しをしている人と知り合いで、その方が紹介してくれた選手の中にいたのです。

来日したビンセント選手と初めて会った時、その背の高さ（187センチ）に驚きました。長距離ランナーには珍しい長身です。走りを見ると、あまり速く感じません。長身ですから歩幅が広く、小刻みなピッチ走法ではないために速くは見えないのです。

ところが、入学早々の平成国際大学長距離競技会で1万メートル28分24秒を記録、5月の関東学生陸上競技対校選手権大会（関東インカレ）では5000メートル13分45秒で2位に入りました。練習熱心な彼は、その後も見る見る記録を伸ばしていきました。

祖国にシューズ贈る

東国大駅伝部のビンセント・イエゴン選手の出身地ケニアは、国土の大部分が標高1100〜1800メートルの高地にあります。首都ナイロビの標高は約1600メートル。

本番間近。坂戸キャンパスのグラウンドで練習するビンセント選手（先頭から４人目）ら駅伝部メンバー（東京国際大学提供）

そういう酸素の薄い環境で練習を積むと「最大酸素摂取量」が増えて持久力が付きます。その結果、高地に慣れたランナーが日本の平地で走ると記録が伸びます。例えば、高地で５０００メートル15分台を出していたランナーは、平地なら14分台で走れるといわれています。つまり、記録を1分前後短縮できる。1万メートルでは、２分短縮される勘定です。

ある時、彼が何足ものランニングシューズを洗っている姿を見ました。何をしているのかと尋ねると、「東国大駅伝部の仲間が履き古したシューズを丁寧に洗って段ボールに詰め、祖国に贈るのだ」と言います。彼が育った地区は貧しく、はだしのランナーもいる。一生懸命練習して強い選手になり、日本で働いて得た収入を家族に送金したい――。5人きょうだいの長男である彼の根っこには、そういうハングリー精神があるのでした。

大学2年になったビンセント選手は２０２１年の97回箱根駅伝で各校のエースがそろう〝花の2区〟を担当。14位でたすきを受け、12キロ過ぎでトップに立って区間新記録を作り、大会ＭＶＰに当たる金栗《かなくり》四三《しそう》杯に輝きました。留学生が金栗杯を受賞するのは初めて。それほどの激走でした。チームは総合10位でした。

同年10月、東国大駅伝部は出雲全日本大学選抜駅伝（出雲駅伝）で初出場初優勝を成し遂げました。そこでもビンセント選手は最終6区で区間賞を取る力走を見せました。

２０２２年1月の98回箱根駅伝で、ビンセント選手は再び2区を駆けました。脚のけがのために本調子ではありませんでしたが、それでも7位から4位にチームを押し上げ、総合5位に食い込みました。

そして、23年の99回箱根駅伝が目前です。選手たちは日々の練習に加えて短期合宿を行い、調整に務めています。今年の出雲駅伝と全日本大学駅伝対校選手権大会を、大事を取って欠場したビンセント選手も復調しましたので、箱根では彼本来の力強い走りを見せてくれるでしょう。最終学年になった彼が、箱根を走る最後の機会です。

12月10日は、箱根駅伝に出場する16人を届け出る期限。29日にそこから最終的に10人に絞り、走る区間を決めます（当日朝まで変更は可能）。私が目指すのは、昨年の5位を上回る成績を残すこと。一つでも、二つでも順位を上げること。それは、優勝争いに絡むようなレースをしないと実現できないということです。

東国大駅伝部総監督に就いて12年目。その間、倉田信靖康理事長・総長は常に「私たちは仲間です」とチームを支え、励ましてくれました。多くの人の期待に応えられるよう、一丸となって全力で挑みます。私の夢は「打倒青学・駒沢」です。

「箱根」100回に向けて

23年1月2日の第99回箱根駅伝のスタートまで、1カ月を切りました。各校最後の調整に励んでいることでしょう。24年は第100回という大きな節目です。当然、強豪校は100年に一度の記念大会での「優勝はわが大学」と考えているはずです。

私の母校・中央大学も、その一つ。6連覇と最多の14回優勝という実績を持ちながら、近年はパッとしません。2016年の予選会は11位に終わり、新聞は「連続出場記録、87

回で途切れる」と書き立てました。

中大の再建を託されて監督に就いたのはOBの藤原正和君。藤原監督はシード権獲得の先に「100回大会で優勝」を置く戦略でチーム作りを進めてきました。今年の本戦では、東国大に続いて総合6位に入りました。

東国大の99回大会の目標は「前年の5位を上回る」ですから、100回大会では優勝を目指していきます。ことによると、東国大と中大の首位争いが見られるかもしれません。

それにしても、100回とは偉大な歴史です。19年のNHK大河ドラマ「いだてん〜東京オリムピック噺《ばなし》〜」の主人公の一人、金栗四三先生の発案による箱根駅伝は1920年に始まりました。以来、多くの名勝負を生み、名ランナーを輩出してきました。近年の箱根人気は、国民的イベントの感を持たせます。

私の中大時代も、トラックの荷台に学生があふれるほど乗り込み、熱狂的な応援を繰り広げていました。「箱根駅伝70年史」（関東学生陸上競技連盟発行）の口絵写真は、48年の24回大会で中大が完全優勝を遂げたゴール付近のシーン。群衆がアンカーのすぐそばまで押し寄せ、写真説明には選手が「大観衆をかき分けてゴールへ進む」と書かれています。これでは、記録の妨げになるのでは、と心配するほどです。

第92回箱根駅伝に初出場した東国大。往路５区を走り切り、芦ノ湖畔のゴールに飛び込む濱登貴也選手（２年）＝2016年１月２日

なぜ、箱根駅伝はこれほど人を感動させるのでしょうか。駅伝最古の歴史、学生駅伝最長のコース、ビル街から湘南の海岸、富士山を背景にして箱根へ―という変化に富んだ背景、標高差約８６０メートルを一気に駆け上がる山上り。これらは箱根駅伝にしかない要素です。そこにドラマチックなレース展開が加わり、見る人の心を打つのではないでしょうか。

そして、競技としての駅伝の基本は「たすきをつなぐ」という日本の文化だと思います。たすきは単なる「物」ではなく、多くの人の「思い」を込めた精神的な象徴でもあります。

往路のゴール、復路のスタート地点の芦ノ湖畔に詩人・勝承夫《かつよしお》先生の「駅伝を讃《たた》えて」という詩を刻んだ碑が立っています。84年に除幕された詩の一節は、こううたいます。「君たちは意志と力の群像／君たちは青春の花々／赤や海老茶や紫が入りみだれて／春のさきがけのテープを織りなす／君たちは光のようにはつらつと走り／町々を　並木を　野を山を／呼びさます　春のつばさ」

私が尊敬する指導者

ここで、私が尊敬する陸上競技の指導者4人について記します。

まず、中村清さん（1913～85年）。早稲田大学競走部の監督として瀬古利彦選手や金哲彦選手を、エスビー食品陸上部の監督時代は新宅雅也選手、佐々木七恵選手らを育てました。

私が横浜高校3年の時、富山県で開かれたインターハイ1500メートルと5000メートルで優勝した際のことだったと思います。各種目の優勝者を対象に講演会が開かれ、講師が中村さんでした。3、4時間ぶっ通しで話し続け、その熱量に圧倒されました。後に知ったのですが、中村さんはよく「訓話」をしたそうです。時に涙を振り絞り、時に自分の顔を自分で殴りながら。精神主義と言われるかもしれませんが、その情熱に選手が引かれたことも事実でしょう。

2人目は高橋進さん（1920～2001年）です。高橋さんは現役時代、3000メートル障害のスペシャリストでした。日本選手権9連覇の記録を作り、1952年のヘルシンキ五輪代表になりました。戦後も八幡製鉄（現・九州製鉄所八幡地区）陸上部の名ランナーとして活躍。その後、同部の監督を長く務めて黄金期を作り、マラソンの君原健二選手を育てました。

個性的な君原選手と衝突しながら、信念を貫いた高橋さんの粘り強さには感心したものです。私は中央大学4年の時、高橋さんから「八幡に来ないか」と誘われました。しかし、リッカーミシンに内定していたので、その指導を受けることはありませんでした。

そして小出義雄さん（1939～2019年）。私と同年生まれで、マラソンの有森裕子、高橋尚子、千葉真子、新谷仁美選手らのコーチとして広く知られています。苦学して順天堂大学に入り、箱根駅伝にも出場しました。リクルート・ランニングクラブや積水化学工業女子陸上競技部を経て、自身が設立した佐倉アスリート倶楽部の監督に就きました。

小出さんが卓越していたのは、女性ランナーが長距離に向いてることを早くから認識し

小出さん（右）とパナソニック女子陸上競技部監督時代の私。第57回全日本実業団対抗陸上競技選手権大会で＝2009年、岡山県陸上競技場

ていたことです。基本的な姿勢は「褒めて育てる」。私が競技会などで小出さんに会うと、小出さんは周囲の女子選手に私を紹介し、「横溝さんは私には雲の上の人」と言うのが口癖でした。豪快でお酒が好きな人でした。

藤田信之さん（1940年～）は86年創部のワコール女子陸上競技部の初代監督。バルセロナ五輪とアトランタ五輪のマラソン日本代表・真木和《いずみ》選手、アテネ五輪マラソンの金メダリスト・野口みずき選手らを輩出しました。藤田さんの指導方法は、小出さんと対照的と言われます。日常生活を含めて厳格なのは「大切な娘さんを預かっている」という気持ちからくるようです。

多くの方に学びながら、私は〝自分流〟を探してきました。

二つの「横溝三郎杯」

毎週水曜日と木曜日は東国大駅伝部の朝練に立ち会いますので、午前3時に家を出ます。自分で車を運転し、埼玉県坂戸市の東国大坂戸キャンパス総合グラウンドまで、約1時間半の道のりです。

土曜日と日曜日は、選手のスカウトで県外出張。各地の陸上競技大会は週末に行われることが多く、私は静岡、長野、山梨、愛知、岐阜の5県を担当し、車で走り回ります。ほかの地域は、大志田秀次監督とコーチが手分けしてスカウトに当たります。その間に、各大学が行う記録会がいくつも入り、東国大選手たちの調子を見ながら記録会に参加させ、私や監督、コーチが立ち会います。

夏場は合宿。1次・2次と2回に分け、北海道や長野県の菅平、山形県蔵王などで走り込みをします。東国大の駅伝部員は約60人。みんなが同じレベルではありませんから、合宿は2グループに分け、同時期に違う場所で行います。それぞれのグループを見て回るので、夏はほとんど合宿で過ぎてしまいます。

関東インカレでプレゼンターを務める

駅伝シーズンが本格化すると、10月は出雲全日本大学選抜駅伝競走（出雲駅伝）で島根県出雲市へ、11月は全日本大学駅伝対校選手権大会（名古屋市の熱田神宮〜三重県伊勢市の伊勢神宮）へ。それぞれの大会前には短期合宿をします。クライマックスはもちろん、正月の箱根駅伝です。

これらのほかに、年に1度、私が「賞」のプレゼンターを務める大会があります。一つは千葉県の旭市飯岡しおさいマラソン大会。来年34回を迎える市民マラソンで、私は当初から実行委員会のメンバーです。ハーフマラソン、5キロ、3キロ、2キロの種目があり、5キロの優勝者に「横溝三郎杯」が贈られます。また、関東学生陸上競技対校選手権大会（関東インカレ）の5000メートル優勝者にも「横溝三郎杯」が贈呈されます。いずれも私が表彰式に出席して授与します。

こうしてみると、1年を通して、あまり休日がありません。たまに時間が取れれば、冬でも観音崎などの海に潜って魚とり。日常的には、前に紹介した海水魚の飼育も目が離せません。

忙しくても、食事はできるだけ自炊します。これはドイツ留学中に身に付けた習慣です。妻が施設に入った後、２０１４年に亡くなったので今は1人暮らしをしていて、３、４日分のおかずをまとめて作ります。我流の男料理で、調味料などは目分量。それでも凝り性なので、作り始めると、いつか夢中になっています。

起床時間が早いのは、駅伝部の朝練を見る日だけではありません。それ以外の日も毎日午前4時ごろに自宅を出て、徒歩2キロほどの距離にある公園に向かいます。6時、おなじみの顔が四つそろいます。92歳、86歳、82歳（私）、79歳。公園を散歩しているうちに仲良くなった男たちで、86歳が名付けて「夜明けのコーヒー」グループ。そこで交わす世間話が、私の貴重な息抜きです。

五輪覇者に天才なし

「もう二度と思い出すことはないだろう」と記憶のかなたにしまい込んでいた多くのことが、執筆を通じて脳裏に、あるいはまぶたによみがえりました。

一番感じているのは、人との出会いです。貧しい家に育った私を「走る」世界に導いてくれた長距離ランナーの関根忠則さん、〝生涯の師〟であった横浜高校陸上競技部顧問の植木富士弥先生、中央大学への道を開いてくれた伝説の名ランナー村社講平さん、ドイツ留学時代のベルノー・ウイッシュマン教授、東国大に招いてくれた倉田信靖理事長・総長…。

私は多くの人と出会い、支えられ、導かれて、今、ここにいます。感謝の気持ちは、言葉では尽くせません。

その中で、私が座右の銘にしているのが、村社さんの「オリンピックの覇者に天才なし」という言葉です。

村社さんは身長162センチと小柄でしたが、1936年のベルリン五輪1万メートル決勝でフィンランドの3選手と激闘を演じて、5位に入賞。世界を熱狂させました。村社さんは図書館に勤務していた若い頃、練習相手もなく、石ころだらけの道を足袋を履いて

村社さんから贈られた色紙は自宅玄関に飾ってある

毎日黙々と走り続けたそうです。「覇者に天才なし」は、いかにも努力の人らしい表現だと思います。

私は現役時代も、指導者になってからも、その言葉を胸に刻んできました。素質があっても、努力を怠る人は成長しません。では、努力とはどの程度すればいいのでしょうか。私は「プラスαの精神」と考えています。

監督やコーチに与えられたメニューをこなすだけなら、誰でもやっている「並」で終わります。「並」を超える結果を出すには「並」に「プラスα」して練習する以外にありません。苦しいことですが、それがやがて記録を向上させ、自信を生み、達成感をもたらせます。勉強と同様、近道や即効薬はありません。

ただし、残念ながら、1位になれるのはたった1人です。1位になれなくても、悔いのない努力をしたという点では、勝者と敗者に差はありません。努力は必ず実を結びます。走った距離は裏切りません。私の実感です。

最後に、東国大駅伝部員をはじめ、若い人に伝えたいのは「感謝の気持ちを忘れないで」ということです。大学に通えること、走れること、三食食べられること。どれもが、決して「当たり前」ではありません。

長い間、お読みいただいて、ありがとうございました。83歳、わが駅伝人生のゴールはまだ先です。

著者略歴

横溝　三郎（よこみぞ・さぶろう）

1939年、横浜市生まれ。市立中山中学から横浜高校。高校総体陸上1500メートル、5000メートルで２冠。中央大学で１年生の時から４年続けて箱根駅伝で活躍、４連覇に貢献した。64年東京五輪3000メートル障害出場。パナソニック女子陸上競技部監督などを経て2011年、東京国際大学駅伝部創設とともに総監督に就任。同部は16年の箱根駅伝に初出場、20年に５位に入り、強豪校の一角に食い込んだ。神奈川県実業団陸上競技連盟会長。横浜市南区在住。83歳。

わが人生23　**わが駅伝人生にゴールなし**

2023年３月７日　初版発行

著　　者　　横溝三郎

発　　行　　神奈川新聞社
〒231-8445 横浜市中区太田町2-23
電話 045(227)0850（出版メディア部）

 ISBN978-4-87645-671-0　C0095

神奈川新聞社「わが人生」シリーズ

8 水族館へようこそ
新江ノ島水族館館長 堀 由紀子

9 横浜中華街 街づくりは たたかいだ
萬珍樓社長 林 兼正

10 ヨコハマ邂逅《かいこう》 ものづくり企業の挑戦
神谷コーポレーション会長 神谷 光信

11 生かされて生きる 「捨ててこそ」の実践
時宗法主、遊行74代 他阿 真円

12 「未知」という選択 世界のレオ 創造の軌跡
物理学者・横浜薬科大学学長 江崎玲於奈

13 郷土を愛する心 社会奉仕に生涯を
神奈川県観光協会会長・川崎港振興協会会長 斎藤 文夫

14 学ぶ力 働く力 生き抜く力
学校法人柏木学園学園長 柏木 照明

神奈川新聞社「わが人生」シリーズ

15 凛《りん》として 協働の記録 平塚から　前平塚市長　大藏　律子

16 宝積《ほうしゃく》 人に尽くして見返りを求めず　株式会社「つま正」社長　小山　正武

17 ぬくもり伝えて 「脱・進学校」山手の丘の実践　聖光学院中学校高等学校校長　工藤　誠一

18 きもののちから 髙島屋の呉服と歩んだ50年　染織五芸池田企画代表　池田　喜政

19 婆娑羅《ばさら》な人生に破顔一笑《はがんいっしょう》する　神奈川歯科大学理事長　鹿島　勇

20 町工場からグローバル企業へ —苦難を乗り越えて—　株式会社ヨロズ（CEO）　志藤　昭彦

21 山ちゃまのわが人生上々なり　日蓮宗妙蓮寺住職　山本　玄征

22 公に尽くす —平和こそすべての礎—　元衆院議員（大蔵大臣・財務大臣）　藤井　裕久

※肩書は出版当時のもの